부자의 집사

執事だけが知っている世界の大富豪53のお金の哲学 (新井直之著)
SHITSUJI DAKE GA SHITTEIRU SEKAI NO DAIFUGOU
53 NO OKANE NO TETSUGAKU

Copyright © 2015 by Naoyuki Arai
Original Japanese edition published by Gentosha, Inc., Tokyo, Japan
Korean edition is published by arrangement with Gentosha, Inc.
through Discover 21 Inc., Tokyo and JS Contents, Seoul.

일러두기

1. 원화 환산 환율은 간단히 1엔당 10원으로 통일하였다.
   예시) 100엔 → 1000원
2. 지명 및 장소는 원어를 함께 표기하였다.

집사가 남몰래 기록한 부자들의 작은 습관 53

부자의
집사

아라이 나오유키 지음·김윤수 옮김

다산
북스

평범한 그들은
어떻게 부자가 되었나

먼저 내 소개부터 하자면 나는 주식회사 '버틀러&컨시어지'의 대표 아라이 나오유키다. 우리 회사는 2008년 1월에 설립된 이래, 이른바 '세계적인 대부호'라 불리는 사람들에게 '집사 서비스'를 제공해왔다. 여기서 집사 서비스란 부자의 일상생활부터 비즈니스까지, 즉 고객의 일거수일투족을 낱낱이 관리하고 모든 요청을 처리하는 일을 말한다. 우리 서비스를 이용하는 고객들은 보유 자산 500억 원 이상, 연 수입 50억 원 이상이라는 조건을 갖춘 '톱 클래스'로만 구성되어 있다. 그중에는 자산이 수십조 원에 이르는 글로벌 회사의 경영자도 있다.

창업 후 약 8년 동안 우리 서비스를 이용한 부자는 총 100명을 넘어섰다. 기존 고객에게 소개받은, 아직 서비스에 가입하지 않은 사람들을 포함하면 부자를 무려 수백 명이나 직접 만난 셈이다.

나는 집사 서비스를 시작하기 전까지 세상에 이렇게나 많은 부자가 존재한다는 사실을 알지 못했다. 더군다나 내가 만난 부자들은 선조나 부모님에게 자산을 물려받지 않고 오직 자신의 손으로 자수성가했다. 어린 나이에 창업에 뛰어든 사람, 투자의 귀재가 되어 부를 늘린 사람, 망해가는 회사를 양도받아 크게 키운 사람 등 그들이 부자가 된 과정은 실로 다양했다. 돈을 버는 방법이 이렇게 많은지도 집사 일을 하며 처음 알았다. 그런데 그런 엄청난 부자들은 한 가지 공통점이 있었다. 그들은 본래 '지극히 평범한 사람'이었다는 사실이다.

나도 이 일을 시작하기 전까지 '부자들은 분명 보통 사람과 다른 어떤 특별한 구석이 있을 거야'라고 생각했다. 나뿐만 아니라 세상 사람들이 일반적으로 생각하는 부자의 이미지도 이와 다르지 않다. 내가 부자와 자주 만난다는 사실을 아는 주변 사람들은 내게 부자에 대한 고정 관념에서 나온 질문들을 던지곤 했다.

"돈을 수천억 원이나 가진 사람들은 어떤 비밀스러운 모임에 속해 있나요?"

"특별한 재능 덕분에 땀 흘려 일하지 않아도 저절로 돈이 들어오지요?"

"한번 큰돈을 손에 넣으면 돈이 돈을 낳아 점점 불어날 테니 평생 놀고먹기만 해도 괜찮겠어요."

나 역시 부자들을 직접 만나기 전에는 비슷한 생각을 했다. 그런데 실제로 만나보니 내 생각과 전혀 달라 깜짝 놀랐다. 세계적인 부자 대부분은 일반적인 가정에서 평범하게 자랐고, 어린 시절에 특별한 교육을 받은 경험도 없었다. 오히려 우리와 비슷하게 치열한 구직 활동과 직장 생활을 경험했다. 짧은 시간 안에 재산을 일군 한 부자는 "15년 전에는 정말 밥 한 끼 제대로 먹지 못할 만큼 가난했네."라고 이야기했다. 또 부자들 중에는 스스로를 향해 "남들처럼 평범하게 사회생활을 하지 못하는 '쓸모없는 인간'이어서 부자가 된 것 아닐까?"라고 말하는 사람도 있었다. 겸손이나 자기 비하가 아니라 오직 마음에서 우러나온 진실된 말들이었다.

만약 평범한 과거를 딛고 큰돈을 모은 부자의 공통적인 습관을 발견한다면, 그리고 그것을 똑같이 따라 한다면 우리도 분명 부자가 될 수 있지 않을까? 그런 의미에서 내가 만나본 부자들의 과거 이야기를 몇 가지 소개해보고자 한다.

상습적 지각으로 회사에서 해고당한 부자

지각을 일삼는 직원을 두고 성실하지 못한 '불량 사원'이라 말한다. 그런데 내가 직접 모시는 부자 중 한 명은 과거 직장 생활을 할 때 거의 매일 지각을 했다고 한다. 대체로 부자들은 해가 뜨는 동시에 하루를 시작하는 '아침형 인간'인데, 드물게도 그는 밤이 깊어질수록 얼굴에 생기가 돌고 눈이 반짝이는 '올빼미형 인간'이었다. 아직까지도 그는 "아침은 정말 힘들어."라는 말을 입에 달고 산다. 젊은 시절에 술을 너무 좋아해 밤을 새는 일이 습관으로 자리 잡은 탓이다.

물론 60대가 된 지금은 예전처럼 숙취로 고생하지 않지만, 젊은 시절에는 한번 술을 마셨다 하면 3차까지 가는 일은 예사이고 곳곳이 단골 술집인지라 술에 얽힌 실패담이나 무용담도 많았다. 그런데 그를 큰 부자로 만든 건 바로 '밤마다 마시던 술'이었다.

그는 도호쿠[東北] 지방 출신으로 기술계 전문학교를 졸업한 뒤 도쿄로 나와 건물 설비를 관리하는 회사에 취직했다. 지극히 평범한 회사원으로 사회에 첫발을 내딛은 셈이다. 다만 신입 시절부터 밤이면 밤마다 술을 마시고 다녔기 때문에 항상 새벽이 되어서야 집에 들어갔고, 아침에는 숙취로 늦잠을 자기 일쑤였다. 새파란 신입 사원이면서 점심 무렵에나 출근하는 불량한 태도가 1년 간 반복되자 상사도 더 이상은 봐줄 수 없었던지 "이제 그만 나오게."라며 그를 회사에서 잘라버렸다. 그는 당시를 회상하며 마치 남의 일인 듯 웃음 지었다. 하지만 실직 후 캄캄한 현실을 돌파하기 위해 내린 결단이 그를 부자로 만든 첫걸음이었으니, 인생은 정말 알다가도 모를 일이다.

처음에 그는 개인 사업자처럼 오직 연줄만으로 건물 설비를 의뢰받아 돈을 벌었다. 자금도 없는 상태에서 창업을 했지만, 사실 그에게는 돈보다 더 값진 자산이 있었다. 바로 '매일 밤마다 술을 마시고 다니며 쌓은 인간관계'였다. 업계 사람들은 물론이고 다른 분야에까지 폭넓은 인맥이 있었기 때문에, 주변에서는 "직장을 잃고 많이 힘들겠군."이라는 위로와 함께 그에게 일감을 몰아주었다.

더구나 창업 타이밍도 절묘했다. 당시 일본은 한창 경제가 급속도로 성장하는 시기였고, 하룻밤 사이에 고층 빌딩이 몇 채씩 올라갈 만큼 건설업계에 순풍이 불었다. 밀려드는 일을 혼자서는 감당할 수 없는 지경이 되자 그는 기술자 몇 명을 고용한 뒤 본인은 영업 활동에 집중했고, 그 결과 매출은 수직 상승했다.

"제조업을 끼지 않아 처음에는 고생했지만, 덕분에 기술까지 연마할 수 있었네. 수리에 필요한 부품을 스스로 제조해 쓸 만큼 말이지. 큰 문제는 내가 나서야 해결이 되니,

창업하고 10년 넘게 일박 이상 여행을 가본 적도 없어."

그렇게 그는 40년간 열정을 바쳐 일했다. 현재 그의 회사는 직원 1000명을 거느린 기업으로 성장했고, 전국에 지사와 지점을 둔 명실상부한 대기업이 되었다.

지금도 그는 밤마다 술을 마시러 나간다. 특히 직원들과 술 마시기를 좋아해 저녁 무렵이면 사무실을 돌아다니며 술친구를 찾는다. 성격이 소탈하고 시원시원해 직원들도 기꺼이 사장님과의 술자리에 응한다.

술을 과할 정도로 좋아해 아침마다 지각을 일삼았던 그는 월급쟁이로는 실격이었다. 하지만 그렇게 쌓은 인간관계가 그를 큰 부자로 만드는 원동력이 되었다. 많은 사람이 좋아하고 따랐던 그는 부자가 될 자질을 충분히 갖추고 있었다.

대학 수업료를 빼돌려 장사를 한 부자

거액의 돈을 벌어들인 부자들은 기질 자체가 근면하고 성실하다. '착실하고 꾸준하게 일하자'는 좌우명을 벽에 걸어두고 사는 사람도 많다. 다만 학교 공부도 그렇게 했냐고 물으면 이야기가 달라진다. 내가 만난 부자들 중에는 학창 시절에 공부를 싫어했던 사람이 의외로 많다. 그중 한 사례가 20대 초반에 광고 대리점을 창업하고 현재 수백억 원의 자산을 쌓은 고객이다.

그는 호쿠리쿠[北陸] 지방 출신으로 고등학교를 졸업한 뒤 무작정 상경해야겠다는 꿈을 꿨다. 단 부모님의 허락을 받아야 했기 때문에 도쿄에 위치한 대학에 시험을 보아 입학 통지서를 따냈다. 그런데 그는 원래부터 공부에는 전혀 관심이 없었으므로, 부모님에게 받은 등록금을 몰래 빼돌려 대학에 입학하지 않았다. 더 놀라운 사실은 도쿄의 아파트에 혼자 살면서 부모님이 보내주시는 생활비와 등록금으로 도시 생활을 마음껏 만끽했다는 것이다. 하루하루 생각 없이 놀기만 하던 어느 날, 생활비도 바닥이 나고 이대로 의미 없이 세월을 보낼 수 없다는 생각이 들어 조금 흥미가 있던 광고업계 중소기업에 들어가 아르바이트를 시작했다.

"처음에는 신문에 들어가는 전단지 광고 일을 도왔네. 그랬더니 업계에 아는 사람이 점점 늘어나 개인적으로도 일을 받았어. 이벤트 기획과 같은 큰 건도 맡아 처리했는데 일이 늘어나니까 혼자서는 감당이 안 되더군. 어차피 회사를 그만두어도 일은 계속 들어올 테니 창업을 해도 좋겠다고 판단한 거지."

'생각이 떠오르면 곧바로 실행한다', 이는 내가 만난 모든 부자의 공통적 성향이다. 그 역시 곧장 직원을 몇 명 고용해 작은 광고 대리점을 차렸다. 그때 창업 자금으로 충당한 돈이 바로 부모님이 보내주신 대학 입학금과 4년 치 등록금이었다.

"물론 부모님께는 철저히 비밀로 했지. 아직도 부모님은 내가 그 대학에서 졸업장을 받은 줄 아시네. 다른 식구들에게도 학력을 철저히 사칭하고 있지."

마치 우스갯소리 같지만, 30년이 지난 지금도 그때 부자가 저질렀던 '대형사고'를 가족 모두 알지 못하고 있다.

그렇다면 그가 회사를 크게 키운 비결은 무엇이었을

까? 바로 '인재를 꿰뚫어보는 눈'이다. 실제로 그는 자신에게 상품을 팔러 온 영업사원을 눈여겨보고 몇 차례 스카우트했다. 더군다나 본래 남을 잘 보살피고 챙기는 성격인지라 인망이 두터웠다. 자신이 잘 못하는 일은 스스럼없이 직원에게 책임과 결정권을 위임했고, 일을 시킬 때에도 정중하게 부탁함으로써 직원들의 의욕을 끌어올렸다.

부모님을 속여 마련한 창업 자금으로 사업을 시작했지만, 그는 현재 200명 넘는 직원을 거느린 큰 회사의 오너 사장이다. 또 도쿄의 덴엔초후[田園調布]에 큰 저택을 지어 부모님께 효도도 했다. 그가 빼돌린 대학 입학금과 등록금은 모두 합해도 현재 그의 자산에 1000분의 1도 되지 않는다. 만약 그가 순순히 대학에 진학했다면 인생이 어떻게 달라졌을까?

부자들을 가까이에서 지켜보면 사업이나 돈벌이는 학교 공부와 전혀 무관하다는 사실을 깨닫는다. 이는 비단 일본에만 해당하는 이야기가 아니다. 개인 자산액이 세계에서 몇 손가락 안에 드는 외국인 고객도 학창 시절에는 거의 공부를 하지 않았다고 고백했다. 그 역시 부모님이 주신 등록금을 밑천 삼아 투자를 시작했다고 했다. 그리고 점점 자산이 늘어나자 투자한 회사를 자신의 것으로 만들기 위해 그곳 직원들에게 은밀한 제안을 건넸다. 바로 보유 주식을 자신에게 팔아달라는 부탁이었다.

"일반 직원들은 자신이 근무하는 회사의 주식보다 당장 가용한 '현금'을 더 매력적으로 느끼지. 술값 좀 벌어야겠다는 생각을 하더니 금세 팔더군. 나라의 경제 체제가 크게 변화하는 시기였기 때문에 가능한 일이었어."

이런 방법으로 그는 마침내 회사의 최대 주주가 될 만큼 주식을 모았고, 비로소 오너가 되었다. 지금도 그는 투자를 멈추지 않으며 더 큰 부자가 되기 위해 노력한다.

거액의 돈을 손에 쥔 그들은 설령 대학 입학금이라고 해도 눈앞에 목돈이 있으면 사업 자금으로 사용했다. 이는 곧 '돈은 투자할 때 살아 있다'는 부자의 철학을 반영한 마음이다. 더불어 평소에 구체적인 계획을 머릿속에 그려두었기 때문에 가능한 일이다.

1조 5000억 원을 번 은둔형 외톨이 부자

부자들은 공통적으로 인간관계를 소중히 여긴다. 적을 만드는 언동을 삼가고 상대방이 누구든 차별 없이 교제하며, 지위가 있는 사람에게는 귀여움을 받고 부하 직원이나 젊은 사람에게는 신망을 얻는다. 생각해보면 넓고 깊은 인맥이야말로 부자들에게 돈을 가져다주는 힘이 아닐까 싶다. 실제로 장래성 있는 사업 아이디어나 견실한 투자 정보는 주로 인맥을 통해 들어온다. 하지만 내가 만난 부자 중 한 명은 사람들과 전혀 어울리지 않고도 1조 5000억 원이라는 거액의 부를 쌓았다.

대학 시절에 그는 혼자 아파트에 살며 거의 외출을 하지 않았다. 학교에도 가지 않고 오직 자신의 방에만 틀어박혀 게임에 몰두했다. 학교에 친한 친구도 없었으므로 딱히 수업에 가지 않아도 아무도 신경 쓰지 않았다. 그런데 학교를 졸업하고도 일을 하지 않는 아들에게 화가 난 부모님이 다달이 송금해주시던 생활비를 끊어버리자 이런 생각이 들었다고 한다.

"이렇게 살아서는 안 되겠다는 생각이 들더군요. 마침 인터넷 전용 증권회사가 여럿 생길 때였습니다. 그게 '주식 투자'에 눈을 뜬 계기였어요. 수중에는 세뱃돈과 아르바이트로 모은 돈 500만 원이 있었는데, 이를 종자돈 삼아 인터넷 주식 투자에 도전했습니다."

인터넷 주식은 컴퓨터만 있으면 집에서도 손쉽게 매매를 할 수 있기 때문에 사람들과 잘 어울리지 못하고 좀처럼 외출도 하지 않는 그에게 제격인 투자 방법이었다. 그는 게임을 할 때와 마찬가지로 주식 시장이 열리는 시간부터 마감하는 시간까지 줄곧 컴퓨터 화면 앞에만 앉아 있었고, 밤에는 해외 시장까지 확인했다. 하지만 주식이 게임처럼 마음대로 될 리가 없었다. 초기 투자 자금 500만 원은 금세 반 토막이 났고, 당황한 그는 본격적으로 투자 공부를 시작했다. 먹지도 놀지도 않고 게임에 빠진 것처럼 투자 공부에도 미친 듯이 열중했다.

무엇보다도 그가 주식을 시작한 1990년대는 일명 'IT 버블'이 한창이었다. 급성장한 IT 주식 하나가 엄청난 이익을 가져다주던 때였고, 그렇게 그는 불과 1년 만에 자산을 30억 원으로 급격하게 늘렸다. 어느 정도 돈을 벌어 잠시 주식 투자에 손을 뗐을 땐 IT 버블이 붕괴되어 불황이 왔다고 하니, 실로 그의 운도 한몫했다고 생각한다. 이후 다시 일본 경제가 호조로 돌아섰을 때 5년 간 투자를 해 자산을 1조 5000억 원까지 불렸고, 리먼 사태가 일어난 2008년에 완전히 발을 뺐다.

그는 여전히 돈을 쓰더라도 가끔 혼자 여행을 가거나 고향 친구들을 만나는 정도에 그친다고 한다. 그 흔한 자동차 한 대 없고 화려한 유흥가나 도박판을 다니지도 않는다. 옷이나 생활용품을 살 때에도 외출하지 않고 거의 인터넷 쇼핑몰만 이용한다. 현재 그의 나이는 30대 중반인데, 차림새나 외모가 지극히 서민적이고 검소해 '1조 5000억 원을 가진 부자'라는 느낌이 전혀 들지 않는다.

'집 안에만 틀어박혀 게임만 하던 은둔형 외톨이', 그는 어쩌면 평범한 우리보다 더 못한 삶을 살았을지도 모른다. 하지만 처음부터 일확천금을 노리지 않고 작은 이익을 꾸준히 다음 투자로 돌려 자산을 조 단위까지 늘렸다. 아마 게임과 마찬가지로 투자에서 승리하는 일에 대해 순수한 즐거움을 느꼈을 지도 모르겠다. 어쨌든 그는 하나의 일에 철저하게 몰두함으로써 거액의 부를 손에 넣었다.

일류 대학을 졸업하고도 수년간 취직하지 못한 부자

나는 친한 고객들에게 "어떻게 이만한 재산을 모았습니까?"라고 솔직하게 묻는 편이다. 그러면 많은 부자가 '운'이라고 대답한다. 그런데 성공의 비결을 운이라 꼽은 부자들은 반드시 이구동성으로 이런 말을 덧붙였다.

"운이나 기회는 누구에게나 찾아오네. 하지만 많은 사람이 그 운을 놓치거나, 평소에 운을 잡기 위한 준비를 하지 않지. 어떤 선택에도 리스크는 있게 마련이야. 그러니 굳은 각오와 결심이 필요해. 만약 부자가 되는 비결을 말하라면 '운을 붙잡고 놓치지 않는 힘', '평소의 철저한 준비', 그리고 '각오'라고 말하고 싶네."

그런 이야기를 들을 때마다 부자들은 돈 자체보다 '운을 잡는 방법'에 더 관심이 많다는 생각이 든다. 실제로 우리 고객들은 자신의 운을 시험해보는 일에 큰 재미를 느낀다. 운을 잡기 위한 준비와 각오를 이야기할 때 적격인 고객이 한 명 있다. 그는 도쿄 대학교 공학부에 다녔는데 졸업을 하기까지 무려 8년이나 걸렸다고 한다.

"아르바이트도 하고 여행도 다니며 대학 시절 내내 놀기만 했네. 그래도 도쿄 대학교를 나오면 오라는 데가 많을 줄 알았어. 만만하게 봤던 거지. 그런데 정작 취업 준비를 시작했더니 아무리 일류 대학 출신이라도 실컷 놀기만 한 학생은 불러주지 않는 거야. 대기업뿐만 아니라 중소기업도 마찬가지였네. 그때 작은 소프트웨어 회사 사장이 나를 고용해주었고, '일을 할 수 있다면야' 하는 생각에 바로 입사를 결정했네."

이른바 사람 좋은 사장이 취직을 못해 곤란한 학생을 구제해준 격이었다. 당시 그 회사는 직원 10여 명이 다니는 작은 중소기업이었는데, 프린터를 제어하는 특수한 소프트웨어를 개발해 해당 분야에서는 높은 시장 점유율을 자랑했다.

소프트웨어 개발자로 일한 지 3년째 되던 해, 그의 인생에 큰 기회가 찾아왔다. 사장이 그를 불러 "나는 이제 나이가 많아서 은퇴를 해야겠는데, 최연소 사원인 자네가 회사를 맡아 경영해주지 않겠나?"라고 말한 것이다. 아마도 사장은 가장 젊은 사람에게 자리를 넘겨야 회사의 미래를 진지하게 생각해줄 거라는 마음이 아니었을까. 다른 사원들은 사장과 동년배이거나 기껏해야 조금 젊은 세대인 베테랑뿐이었다. 게다가 이러한 차기 사장 선발 기준에 대해 아무도 반대하는 사람이 없었다. 당시 회사가 떠안고 있던 상당한 부채가 직원들이 그의 사장 승계를 반대하지 않은 결정적인 이유였다. 작은 회사는 사장 개인이 보증을 서기 때문에 차기 사장은 그 부채 또한 함께 승계해야 했다.

"선배들은 '저 녀석 잘못 걸렸네' 하고 나를 안타깝게 바라보았지. 하지만 나는 아직 20대라서 그 정도의 리스크는 크게 신경 쓰이지 않았어. 오히려 내게 찾아온 기회를 살려 경영을 잘해보겠다는 생각만 가득했네."

그렇게 회사를 계승한 때가 1990년대 중반이었다. 그동안 프린터는 사무실용이 대부분이었는데, 갑자기 일반 가정에 컴퓨터가 보급되고 저렴한 프린터가 대량으로 팔리면서 그의 사업에는 그야말로 날개가 돋쳤다. 이러한 흐름을 타고 프린터 제어 기술도 폭발적으로 수요가 확대되었고, 회사의 매출과 이익이 늘어나 부채도 금방 갚을 수 있었다. 현재 그의 회사에는 사원 30명이 근무하고, 여전히 해당 업계에서 가장 높은 매출을 내고 있다.

"이전 사장님은 나에게 한 가지 부탁을 하셨네. 직원들이 길거리에 나앉지 않도록 제대로 경영을 한 후 다음 세대에 넘겨주라고 말이야. 그래서 나에게는 고용 보장이 경영의 최우선 과제라네."

반짝이는 눈빛으로 그가 들려준 이야기다. 그런 마인드가 있었기에 사장으로 취임하고 지금까지 회사를 꾸준히 성장시킨 것 아닐까? 그는 운을 잡는 방법도, 운이 도망치지 않게 지키는 방법도 아주 잘 알고 있었다.

누구에게나 반드시 부를 거머쥘 기회가 온다

실제 사례를 통해 소개했듯이 부자들도 기회를 잡기 전에는 지극히 평범한 사람이었다. 아니, 오히려 우리보다 어딘가가 모자란 사람이었다고 말해도 전혀 과언이 아니다. 하지만 그들에게는 공통점이 있었다. 바로 '돈을 대하는 사고'와 '돈을 마주하는 자세'이다. 그리고 이러한 사고와 자세가 바로 돈을 부르는 부자들의 철학이다. 이 책에서는 1장부터 4장까지 집사가 남몰래 기록한 '부자의 투자 비결', '부자의 소비 원칙', '부자의 인간관계', '부자의 금전 철학'을 차례로 소개했다.

돈의 굴레에서 해방되어 풍요로운 인생을 사는 사람들, 그들이 바로 진정한 부자다. 잔기술로 부자가 되었다고 해도 돈에 얽매여 농락당하는 사람은 많다. 기껏 돈을 손에 넣어도 행복하지 않은 사람 또한 세상에 많다.

궁극적으로 우리가 원하는 건 '진정한 행복'이 아닐까? 부자들은 인생의 행복을 똑바로 응시하면서 돈이 늘어나는 환경과 조건을 준비해왔다. 그러한 자세의 중요함과 함께

부자를 만드는 조건이 이 책을 통해 조금이라도 전해지면
정말로 기쁘겠다.

아라이 나오유키

[제4장]

집사가 남몰래 기록한
부자의 금전 철학

제1장

집사가 남몰래 기록한

부자의
투자 비결

01

불에 타는 것에는
투자하지 않는다

자수성가한 부자들의 투자 철칙을 들어보면 제각각 독자적인 시점이나 발상이 있다는 사실을 깨닫는다. 실로 다양한 투자 철칙이 있는데, 그중 가장 기억에 남는 말이 "불을 붙여 타는 상품에는 투자하지 않는다"이다. 물론 그렇다고 해서 실제로 불을 붙여 실험해본다는 의미는 아니다. 머릿속에서 투자하려는 상품에 불을 붙여보고 진짜로 타는지를 상상해본다는 뜻이다. 부자는 이 말을 다음과 같이 설명했다.

"재해나 전쟁과 같은 예기치 못한 일이 발생해도 실체

가 남는 것, 즉 어떤 상황에도 가치가 크게 변하지 않는 투자 상품은 믿어도 괜찮네."

일단 '지폐'는 불에 넣으면 타버린다. 또 돈의 가치를 보증하는 국가 재정이 파탄하면 지폐는 휴지 조각이 되고 만다. 현재의 가치를 잃는다는 건 곧 불에 타 사라짐을 의미한다. 세계 역사를 되돌아보면 한 국가의 화폐 가치가 하루아침에 사라져버린 사례는 무수하다. 하지만 이 시대의 많은 투자자가 실제로 일어날 '만일의 사태'에 전혀 대비하지 않은 채 위험하고 무신경한 투자를 감행한다.

부자들은 지금도 활발하게 유통되는 통화의 가치가 한순간에 사라지는 상황을 시시각각 상상하고 대비한다. 이는 정세가 불안정한 국가에 사는 부자에게만 해당하는 이야기가 아니다. 일본에 사는 부자들 역시 마음속으로는 엔화를 완전히 신용하지 않는다. 비교적 안정적인 통화라고 평가받는 엔화에도 까다로운 의심의 눈길을 보내기 때문에, 사람들이 제안하는 투자 이야기에 쉽게 휘둘리지 않는다. 즉, 부자들은 아무리 구미가 당기는 제안을 들어도 '불에 타느냐, 타지 않느냐'라는 기준으로 상품의 실체와 가치를 판별한다. 그래서 주식이나 채권, 보험과 같은 일반적인 투자 상품도 불에 타는지를 꼼꼼히 따진다. 예를 들어 증권 회사에서 어떤 회사의 주식을 추천해주면, 그 회사가 도산할 때에도 가치가 남을지를 진지하게 그려본다. 또 보험 상품에 가입할 때에도 '보험회사가 망하면 이 계약이 유지될까?' 하고 자문자답한다. 그렇게 하나하나 거르다 보면 실제로 손에 남는 투자 상품은 거의 없다.

그렇다면 대체 부자들은 어떤 상품에 투자할까? 그들은 '보편적인 가치'가 있다고 인정받은 상품에만 투자한다. 대표적인 예가 바로 '토지'다. 부동산 투자를 선호하는 부자들은 '건물은 타지만 토지는 절대로 타거나 없어지지 않는다'는 확고한 신념을 지녔다. 즉, 앞으로 일어날 가능성이 있는 부동산 개발 정책까지도 꼼꼼하게 고려한다.

토지를 포함해 '금'이나 '백금'도 보편적 가치가 있다고 인정한다. 설령 지금 살고 있는 국가의 재정이 파산해도 금이나 백금의 가격은 폭락할 일이 거의 없기 때문이다. 물질

로서 금과 백금은 고온에서 녹아 없어지지만, 분쟁이나 천재지변에는 비교적 잘 견디는 투자 상품으로 인정받는다.

또 부자들은 형태가 없거나, 애당초 태울 수 없는 것에도 투자를 한다. 이를테면 '특허'와 같은 권리다. 우리 고객 중에도 만날 때마다 "구입할 만한 가치가 있는 특허는 없나요?"라고 묻는 사람이 있다.

자산을 늘리기 위해서는 어느 정도 리스크를 감수해야 한다. '하이 리스크, 하이 리턴(High risk, High return)'이 아니고서야 한 번에 큰돈을 벌기란 어렵다고 생각한다. 하지만 그런 말에 쉽사리 흔들리지 말고, 부자들이 투자 상품을 선택할 때 발휘하는 안목과 식견을 조금이라도 빌렸으면 한다.

'전쟁이나 천재지변에 상품이 사라지지 않는가?'
'회사나 국가가 파산해도 가치가 남는가?'

우리도 부자들처럼 투자하기 전에 미리 상품을 불에 태워본다면, 그동안 보이지 않았던 리스크나 놓치기 쉬운 문제점을 파악할 수 있다.

02

투자 승률은
10%로 한정한다

    우리는 금융 상품에 투자할 때 가능한 크게 이익을 남기며 승승장구하기를 바란다. 그런데 내가 만난 한 부자는 "투자에서 이기는 확률은 딱 10퍼센트면 충분하네."라며 자신의 투자 철칙을 들려주었다.

    그는 주식 투자로 거액을 모았는데, 나는 그를 만날 때마다 "어떤 종목을 가지고 계십니까?"라고 물으며 투자에 대한 조언을 구했다. 그런데 이상하게도 그에게 추천받은 종목 중에 값이 크게 오르는 건 거의 없었고, 안정적으로 현상을 유지하거나 더러는 값이 조금 떨어지는 종목도 있었다. 자세한 이유를 물어보니 그는 무척 태연한 얼굴로

"나는 열 번 투자를 하면 아홉 번은 손해를 보네."라고 이야기했다.

"절대로 지지 않겠다고 생각하면 가격이 하락해도 좀처럼 팔기가 어렵지. 그럼 결국 큰 손해를 보게 돼. '승리는 10퍼센트, 나머지 90퍼센트는 패해도 괜찮다'고 생각하면 매도할 시점에 냉정한 판단이 가능하네."

보유한 주식의 가격이 하락하면 당연히 매수가만큼 오르기를 기다렸다가 매도하려는 마음이 들게 마련이다. 하지만 오히려 그런 마음을 품고 있으면 매도할 시기를 놓쳐 결국 매수가보다 훨씬 낮은 가격으로 팔게 된다.

그는 투자 당시보다 주가가 10퍼센트 하락하면 주저 없이 매도를 한다고 말했다. 빠른 손절매는 주식 투자를 하는 부자들의 공통적 전략이다. 그런데 아무리 손절매를 잘해도 어디선가 수익을 내지 못하면 재산은 줄어든다. 이때 놀랍게도 부자들은 한 번의 승리로 아홉 번의 패배를 메우고도 남을 만큼 큰 이익을 낸다. 우리 고객 중에도 투자 금액을 100배 이상 늘린 사람이 많다. 즉, 중요한 투자 포인트는 '적은 승리로 크게 버는 요령'이다. 투자를 잘한다고 알려진 부자는 내게 이런 말을 들려주었다.

"투자의 핵심은 '파는 타이밍'이야. 가격이 조금 상승했다고 하여 그 순간 겁을 먹고 팔아버리면 절대로 크게 벌지 못해."

그는 투자 상품의 가격이 상승하기 시작하면 이른바 '상승 각도'를 주시한다. 현재 가격이 얼마인지, 구매한 가격에서 얼마나 올랐는지는 크게 중요하지 않다. 바로 '상승 에너지'를 읽는 것이다.

"주식이든 부동산이든 단번에 가격이 올라서 그 추세가 오래 지속될 때가 있어. '상승 기류'가 일어나는 시기이지. 지금이 그때라고 판단되면 잠시 매도를 참아야 하네. 이 시기를 인내하는 게 가장 어려워."

사실 가격이 최고 정점에 오른 순간, 즉 가격이 막 하락하기 직전을 감지해 판매하기란 신이 아닌 이상 거의 불가능하다. 가격이 떨어지기 시작할 때 허둥지둥 팔았는데 조금 있다가 가격이 재상승하여 후회하는 일도 다반사다. 하지만 부자들은 상승 기류의 기세가 쇠퇴했다고 판단하면 뒤도 돌아보지 않고 단번에 팔아버린다.

"상승 각도가 둔해지기 시작해도 처음에는 일단 기다려야 해. 그리고 이후에 다시 한 번 각도가 완만해지면 그때 팔아야 하지."

부자들은 상품의 가격이 10퍼센트 하락할 때 파는 손절매 규칙과 함께, 이익을 확장하는 타이밍에 있어서도 나름의 규칙을 정해두고 투자에 임한다. 그러면 일시적 시세 변동에 휩쓸려 판단이 흐려지는 실수를 막을 수 있다.

설령 내가 가진 투자 금액이 적더라도 부자들의 투자 노하우는 충분히 따라 해볼 만하다. '가격이 10퍼센트 하락하면 손절매한다', '현재 가격보다는 상승 기류를 읽는다'는 원칙을 미리 생각하면 우리도 냉정하게 사고 팔 때를 결정할 수 있지 않을까?

03

망설여질 땐
가장 낮은 등급에 투자한다

자격증도 우열에 따른 등급이 있듯이 투자 상품도 가격에 따라 1급과 2급, 3급으로 나뉜다. 내가 만난 부자들은 한목소리로 "선뜻 투자하기가 망설여질 땐 3급을 산다."고 말했다. 1급보다 3급을 살 때 오히려 이득을 볼 가능성이 훨씬 크기 때문이다.

이해하기 쉬운 예로 투자용 아파트가 있다. 대개 부자들은 부동산 투자를 선호해 정기적으로 투자용 아파트를 구입한다. 그런데 아파트는 방의 형태나 구성 옵션에 따라 가격이 천차만별이다. 실제로 '최저가 2억 9800만 원부터 최고가 5억 8800만 원' 하는 식으로 같은 단지의 아파트라도 가격에 차이가 크다. 투자용 아파트에도 1급과 2급, 3급이 있다는 의미이다.

부자들은 자산이 차고 넘치기 때문에 당연히 최고가의 물건을 살 거라 생각하겠지만, 의외로 최저가의 물건을 사는 사람이 많다. 가장 비싼 집이 최고로 좋다는 사실에는 의심의 여지가 없으나, 그럼에도 굳이 최저가의 집을 골라 구입하는 것이다. 우리 서비스를 이용하는 고객 중 한 명은 "도쿄 올림픽을 대비해 경기장 근처에 투자용 아파트를 하나 사야겠어."라며 물건을 찾아 나섰다. 그때 최종적으로 구입한 집이 분양하는 아파트 중에 가장 가격이 낮은 물건이었다. 그에게 "왜 가격이 높은 최고급 아파트를 사지 않으셨나요?"라고 묻자 이렇게 대답했다.

"물론 가장 비싼 집이 정말로 마음에 쏙 든다면 주저 없이 샀을 걸세. 하지만 투자해볼 마음은 있되 확신이 들지 않을 땐 가장 싼 집을 사야 하네. 가장 비싼 물건에는 대개 '프리미엄'이 붙어 있거든. 즉, 망설여질 땐 가장 저렴한 것을 사야 해."

실제로 그는 상품을 만들고 판매하는 회사의 경영자이기 때문에, 판매자의 논리를 정확히 간파해 투자를 한다. 또 하락률이 적다는 점도 부자들이 3급을 선택하는 이유 중 하나다.

"가장 비싼 집은 프리미엄이 붙은 만큼 경기가 쇠퇴할 때 가격이 하락할 폭도 크지. 반대로 가장 싼 집은 애초에 프리미엄이 없어서 하락할 확률도 적어. 그래서 가치가 높다고 보는 거네."

부자들은 가격이 상승하는 국면뿐만 아니라 하락할 때도 고려하여 투자 상품의 가치를 판단한다.

또한 부자들은 사람을 고용할 때에도 1급 인재보다는 3급 인재를 선호한다. 경력이 있고 곧장 현장 투입이 가능한 전문가보다는 가급적 학교를 갓 졸업한 신입을 고용한다는 뜻이다. 보통은 바로 성과를 내는 에이스가 더 효율적이라고 생각하게 마련인데, 부자의 생각은 완전히 달랐다.

"경험이 풍부한 전문가를 데려와 연봉 2억 원을 주기보다는, 5000만 원으로 신입 사원을 고용하는 편이 더 낫지. 그러면 2억 원이라는 동일한 투자 금액으로 네 번 실패할 기회를 얻는 셈 아닌가."

부자들은 인재에 투자할 때도 프리미엄을 의식한다. 즉, 직함이나 경력에 현혹되지 않는다. 프리미엄이라는 이름 속의 거품을 제대로 인식하기만 해도 투자 상품의 가치를 분명하게 판단할 수 있다. 투자를 하기 전 어느 것을 사야할지 망설여진다면 '가장 가격이 낮은 상품'을 선택해보자. 구입하기 쉬울 뿐 아니라 판매하기는 더 쉽다.

04

가계 결제용 계좌를
따로 만든다

자금이 풍족한 부자들 곁에는 하루가 멀다 하고 "계좌 하나만 개설해주세요."라며 찾아오는 은행 영업사원이 많다. 하지만 정작 부자들은 보통 예금 계좌 하나만을 결제용으로 두고, 나머지 계좌는 전부 정기 예금으로 관리한다.

실제로 부자들은 결제용 계좌에 딱 한 달 치 생활비만 입금해둔다. 임직원 보수나 부동산 수익 등은 다른 계좌에 넣어 따로 관리한다. 나는 과거에 급여와 생활비를 동일한 계좌로 관리했다가 우리 고객에게 크게 혼난 적이 있다.

"수입과 지출을 같은 계좌에 두면 가계를 정확히 관리하지 못해. 한 달 생활비를 분명하게 계산해 결제용 계좌에 넣고 빠져나가게 하면 자신의 예측이 옳았는지 알 수 있고 불필요한 물건을 사는 일도 줄어들지 않겠나."

월 중반에 돈에 여유가 있으면 조금 비싼 레스토랑에 가서 식사를 하거나, 새 옷이나 구두를 사며 낭비하기가 쉽다. 하지만 피땀 흘려 자산을 모은 부자들은 그렇게 함부로 소비를 하지 않는다. 옆에서 지켜보면 부자들이 가계를 관리하는 솜씨는 참으로 훌륭하다. 나는 가끔 고객의 통장과 인감을 들고 은행에 업무를 보러 가는데, "이번 달 생활비가 부족하니까 다른 계좌에서 좀 옮겨주게."라는 요청을 받은 적이 단 한 번도 없다. 그들은 한 달 생활비로 예상해 입금한 금액을 초과해서 쓰지 않기 때문이다.

물론 이렇게 말하면 '부자들의 계좌에는 항상 엄청난 돈이 들어 있을 테니 아무리 써도 부족하지 않을 거야'라고 생각할지도 모르겠다. 하지만 사실은 그렇지 않다. 더불어 월말에 고객들의 계좌를 살펴보면, 돈이 거의 남지 않았다는 사실에 깜짝 놀란다. 딱 한 달이 지나면 결제용 계좌에는 3000원에서 4000원 정도의 적은 금액밖에 남아 있지 않다. 즉, 부자들은 한 달 생활비를 몇 천 원 단위로 정확하게 계산하고 관리한다.

보통 사람들도 결제용 가계 계좌를 따로 관리하면 확실히 이득이다. 일단 보통 예금 계좌를 입금용과 결제용으로 분명하게 나누면, 매달 결제용 계좌에 넣은 금액으로만 살게 된다. 그러면 내가 어디에 얼마만큼 지출을 하는지 파악하기가 쉽고 낭비도 적어진다. 익숙해지기만 하면 부자들처럼 월말 잔고가 몇 천 원만 남게 될 것이다. 또 한 달 생활비를 정확하게 계산할 수 있으면 월급이 나온 시점에서 저금이나 투자할 수 있는 돈도 결정할 수 있으므로 자금을 계획적으로 늘릴 수 있다.

05

취미도 일종의
투자라고 생각한다

부자들은 골프나 크루저 항해와 같은 고급스럽고 비
싼 취미를 즐긴다. 바쁜 일상에서 벗어나 한가롭게 놀기만
할 것 같은데, 신기하게도 바로 옆에서 지켜보면 취미가 나
중에 큰 사업으로 연결되는 일이 많았다. 부자에게는 취미
도 일종의 '투자'인 셈이다. 먼저 골프의 경우 필드에서 오
랜 시간 파트너와 함께 하기 때문에 마음을 터놓기가 쉽고,
대화가 사업에 관한 이야기로 이어질 가능성이 높다. 또 크
루저 항해 역시 혼자 하기보다는 누군가를 초대하여 선상
에서 느긋하게 대화를 나누게 된다. 물론 부자들이라고 해
서 취미 활동을 할 때조차 머릿속으로 손익을 계산하지는

않는다. 순수하게 즐기되 훗날 그 취미가 사업에 도움이 될 거란 사실을 경험적으로 인지하고 있을 뿐이다.

우리 고객 중 한 명은 독특한 취미를 살려 인간관계를 친밀히 다진다. 그의 취미는 바로 '산나물 캐기'인데, 철이 되면 부랴부랴 자기 소유의 산에 올라가 나물을 한 가득 캐서 돌아온다. 그러고는 지인들에게 "우리 산에서 제가 직접 캔 죽순인데 한번 드셔보세요." 하고는 일일이 포장을 해서 나누어준다. 받는 사람 입장에서는 백화점에서 파는 고급 물건보다 훨씬 더 정성스러운 선물을 받았다고 생각해 감동을 느낀다. 게다가 산나물을 취미로 캤다고 하면 부담스럽지 않게 받을 수도 있다.

또 다른 부자의 취미는 '조개껍데기 수집'이다. 남태평양 섬이나 호주, 멀리는 남미까지 날아가 전 세계의 희귀한 조개껍데기를 모아온다. 취미 자체가 흔하지 않아서인지 비슷한 취미를 가진 동지를 만나면 강한 유대감을 느끼고 빠르게 친해진다. 그가 다양한 모임에 나가 "저는 전 세계의 조개껍데기를 모읍니다."라고 말하면, "저도 조개에 흥미가 있어요.", "저는 해양학부 출신인데 조개의 습성을 공부한 적이 있어요."라며 동조하는 사람이 꼭 나타난다고 한다. 더불어 그는 취미를 통해 중요한 비즈니스 파트너를 사귀기도 했다.

"얼마 전에 내가 조개껍데기를 주우러 자주 가는 바닷가에 대해 이야기했더니 그분도 거기에 별장을 갖고 있다더군. 한번 놀러오라고 해서 지난 주말에 다녀왔네. 밤새 이야기를 나누다가 곧 동업을 하자고 약속했지."

특별한 취미를 만들고 거기에 몰두하다보면 새로운 인간관계가 생겨 종종 사업의 기회로 연결된다. 그러니 우리도 부자들처럼 열심히 취미 활동을 해보면 어떨까? 흔하지 않은 취미일수록 동지를 만나면 유대감이 생기고 더 친해질 가능성이 높다. 취미나 놀이에 대한 투자는, 의외의 사람과 만나는 기회를 제공하거나 생각지도 못한 인맥을 가져다줄 것이다.

06

남이 권하는
투자 상품은 의심해본다

부자의 주변에는 주식이나 채권을 권하는 은행 영업사
원이 많지만, 그들은 남이 추천하는 상품에는 절대로 선뜻
투자하지 않는다. 게다가 적극적으로 추천할수록 더 많이
의심하고 거절한다. 정말로 자신에게 이득인 상품을 영업
사원이 권할 리가 없다고 생각하기 때문이다.

"영업사원들이 가져오는 상품에 투자를 하면 대부분
수익은 은행 몫이더군. 내가 그 상품을 사면 수수료만 부담
할 뿐 절대로 큰 수익을 얻지 못할 걸세."

요즘에는 인터넷이나 전화만으로도 투자 상품을 매입하거나 상담을 요청할 수 있지만, 부자들은 아직까지도 '직접' 은행이나 증권회사를 방문해 직원과 대면하여 거래 업무를 처리한다. 우리 고객 중 한 명은 자신의 투자 비결을 이렇게 귀띔해주었다.

"정말로 수익이 나는 투자 상품은 은행이나 증권회사에서 숨기는 경우가 많아. 일반 고객들에게는 공개하지 않지만, 우리는 그런 투자 상품을 조금씩 나눠 받고 있지. 전화나 인터넷을 통해서는 안 돼. 직접 영업사원을 만나고 대화해야만 고급 정보를 얻을 수 있다네."

좋은 예가 바로 공모 예정주 투자이다. 신뢰할 만한 정보만 있다면 상대적으로 리스크가 낮고 증거금이 필요 없어 원하는 자금만큼 실물 주식을 확보할 수 있다는 장점이 있다.

"겉으로는 증권회사에 계좌를 둔 모든 사람에게 추천해준다고 말하지만 사실 주요 고객에게는 우선적으로 배당을 하지. 주식뿐만 아니라 회사채에도 우선 배당이 있어."

부자들은 일반인에게 공개되지 않은 특별한 주식이나 채권에 대한 정보를 받고 이에 투자한다. 이러한 알짜 투자 상품이야말로 은행보다 자신에게 이익을 가져다준다는 사실을 잘 알기 때문이다.

또 부자들은 정기 예금도 은행 직원이 '부르는 금리'대로 순순히 가입하지 않는다. 통상적으로 정기 예금에는 은행이 제시하는 특정 금리가 있는데, 아무 말 없이 예금을 들어달라고 하면 그 숫자대로 금리가 결정된다. 현재는 초저금리 시대이기 때문에 높아봐야 2~3퍼센트 이내이다. 하지만 부자들은 은행에 게시된 금리에는 눈길도 보내지 않고 반드시 협상을 시도한다. 그리고 항상 남보다 높은 금리를 받는 데 성공한다. 심지어 예금액에 따라서는 1~2퍼센트까지 인상해 가입하는 사람도 보았다.

우리도 마찬가지다. 은행에서 공표하는 금리대로 예금을 하거나 대출을 받을 필요는 없다. 금리도 흥정이 가능하다는 사실을 알아야 한다. 실제 시장에서 상품을 구입하듯 금융 소비자에게는 은행에서 제시한 가격인 이자에 대해 흥정할 권리가 있다. 기존에 거래하던 은행의 대출 금리가 높아져 다른 은행에 가서 상담을 받아보니 직원의 재량으로 금리를 낮춰주었다는 이야기는 일반인 사이에서도 심심치 않게 들을 수 있다. 지금부터라도 금리는 '선택하고 협상할 수 있는 것'이라 생각해보자. 부자들처럼 우리도 투자의 폭과 수익률을 키울 수 있지 않을까?

07

부동산 보는 눈이
시세차익을 낳는다

부자들은 대개 자신이 살고 있는 집 외에도 별장을 여러 채 가지고 있다. 유독 부동산을 좋아하는 우리 고객 중한 명은 전 세계에 걸쳐 50여 채의 별장을 사들였다. 하지만 그렇게 많은 집을 가지고 있다 해도 모두 자신의 명의로 두지는 않는다. 실제 소유자는 부자가 경영하는 회사나 외부 관리 회사인 경우가 많다.

애초에 부자들은 집을 '소유'하는 일에 크게 집착하지 않는다. 현재 가족과 함께 살고 있는 집이라도 높은 가격에 입찰이 붙으면 미련 없이 당장 팔아도 괜찮다고 생각한다. 즉, 부자들은 집을 철저하게 '투자 상품'의 개

넘으로 바라보고 생각한다. 그들에게 집이란 곧 투자를 목적으로 한 상품이기 때문에, 팔기 쉽고 가격 하락 폭이 적다는 조건을 갖추어야만 매입을 결정한다. 특히 부자들 중에는 중고 주택을 구입해 리모델링을 한 후 들어가 사는 사람이 많다. 신축이 아닌 중고 주택을 구입하는 이유가 궁금해 물어보았더니 이런 대답을 들려주었다.

"신축된 집이 좋기는 하지. 새 집을 싫어하는 사람이 어디 있겠나. 하지만 집을 '투자 상품'이라는 관점으로 바라보면 중고 주택이 훨씬 더 이득일세. 신축 물건은 살기 시작하는 순간 곧바로 30퍼센트 넘게 가격이 떨어지거든."

이에 반해 중고 주택은 살기 시작해도 곧장 가격이 하락하지 않는다. 게다가 고가의 신축 주택에는 실제 가치 이상의 프리미엄이 붙어 있을 가능성이 크다. 부자들은 가치가 확실하게 정해진 중고 주택을 신축 물건보다 훨씬 더 낮은 가격으로 구입해 리모델링을 한 후 가치를 높인다. 그래서 매각할 때 개축이나 개장에 든 비용을 제외하고도 이익이 남는다.

우리 고객 중 한 명은 과거 홍수로 인해 지하실이 물에
잠겼던 4층짜리 물건을 사들였다. 구입 당시에 함께 가보
니 건물 전체가 매우 습하고 여기저기 곰팡이가 가득 피어
있었다. 일반적인 사람이라면 절대로 사지 않을 물건이었
지만, 부자는 '아주 좋은 투자 상품'이라고 칭찬하며 상당
히 낮은 가격에 구입했다. 그러고는 물이나 습기가 차지 않
게 방수 공사를 한 후 직접 들어가 살고 있다. 그는 "이 집
을 매각하면 매입가에 보수 비용을 합한 것보다 더 높은 가
격을 받을 수 있을 거야."라며 기쁘게 이야기했다.

어차피 투자용이라면 직접 살지 않고 임대를 주면 되
지 않을까 생각하겠지만, 부자들은 "부동산 보는 눈을
기르기 위해서는 내가 산 물건에 직접 들어가 살
아보는 게 좋다."라고 입을 모은다. 살아보면 여러 가지
문제점이나, 구입할 때 주의 깊게 보아야 할 점이 저절로
눈에 들어온다. 예를 들어 큰길가에 위치한 아파트는 소음
에 취약하다. 주상 복합 아파트에서 아래층이 가게가 아니
라 사무실이면 밤에 소음으로부터 자유롭다. 집에서 편하
게 쉬는 밤 시간이 조용하다는 점은 건물의 가치를 올리는

데 중요한 요소가 된다. 또 아파트 주변에 큰 병원이 있으면 어린 아이가 있는 가정에 세를 놓기 좋다. 부자들은 "살아보면 그 물건의 입지나 주거 방식, 공간의 장단점이 보이네."라고 말한다. 이러한 경험을 바탕으로 다음 투자에 임하면 당연히 더 큰 수익을 낼 수 있다.

우리도 부자들처럼 집을 '투자 상품'이라는 관점에서 재검토해보자. 분명 낡고 오래된 물건이라도 새로운 가치를 발견할 수 있다. 만약 앞으로 집을 살 계획이라면 무조건 신축만 고집하기보다는, 가치가 크게 하락하지 않는 중고 물건을 사 손을 보는 것도 투자의 한 방법이다. 동일한 집이라도 리모델링만 잘하면 언제든 차익을 남길 수 있는 좋은 자산이 된다는 점을 명심하자.

08

돈을 쓸 때
가격보다 가치를 우선한다

우리는 물건을 구입할 때 항상 가격표에 적혀 있는 숫자만을 생각한다. 하지만 부자들은 돈을 쓸 때 조금 다른 생각을 한다. '나는 지금 무엇에 돈을 지불하고 있는가?', '내가 돈을 지불함으로써 얻는 가치는 무엇인가?'라고 면밀히 따져본다.

예를 들어 편의점에서 파는 페트병 녹차는 대략 1500원이다. 반면 동일한 양의 녹차를 고급 호텔 라운지에서 주문하면 1만 원이 훌쩍 넘는다. 갈증을 없앤다는 목적만 생각하면 호텔에서 녹차를 마시는 일이 무척 비합리적인 소비로 느껴진다. 하지만 부자들은 "3만 원짜리 녹차라도 호텔에서 마시면 전혀 아깝지 않네. 내가 산 건 녹차가 아니기 때문이야."라고 이야기한다. 그들의 설명은 이렇다.

"이 호텔에서 녹차를 마시는 이유는 근사한 풍경과 편안하게 쉴 수 있는 분위기가 덤으로 있기 때문이네."

즉, 그들이 돈을 주고 산 건 녹차가 아니라 호텔의 차분한 분위기, 그리고 혼자만의 휴식 시간이다. 부자들은 돈을 쓸 때마다 무엇에 투자하고 어떤 가치를 얻는지 명확하게 인식한다. 그래서 녹차 한 잔에 3만 원을 들여도 전혀 아깝다고 생각하지 않는다.

3개월에 한 번씩 자신의 별장으로 직원들을 불러 전골 파티를 여는 부자가 있다. 그 역시 값보다는 '가치'를 우선시하는 소비를 한다. 파티 날이면 직원 20명을 도쿄의 사무실에서 멀리 떨어진 시골 별장으로 데려오는데, 사실 전골 요리 자체의 재료비는 50만 원도 채 들지 않는다. 하지만 직원들을 태우기 위해 빌리는 대형 버스나 파티 준비를 돕는 우리 집사의 보수까지를 포함하면 1000만 원가량의 비용이 발생한다. 총액을 참가 인원수로 나누면 1인당 50만 원 꼴인데, 이 정도면 도쿄에 있는 고급 레스토랑에서 호화로운 식사를 즐기기에 부족함이 없다. 나는 그에게 "큰마음 먹고 1000만 원이라는 거액을 투자하시는데, 그럴 바엔 도쿄에 있는 고급 음식점에서 식사하시는 편이 더 낫지 않습니까?" 하고 물었다.

"사실 이 파티의 진짜 의미는 내 별장으로 초대한다는 데 있어. 그저 식사만 하는 게 아니라 아름다운 풍경을 바라보며 골프도 치고 휴식을 취했으면 하는 마음이지. 실은 직원들 자신도 열심히 일하면 이런 별장을 살 수 있다는 생각을 갖게 하려는 마음이 가장 크다네."

부자의 지출에는 직원들이 큰 꿈을 꾸고, 일에 의욕과 동기를 갖게 한다는 진짜 목적이 숨어 있었다. 즉, 그가 사용한 돈 1000만 원은 전골 요리값이 아니라 '직원들의 교육비'였다.

보통 사람들은 돈을 쓸 때 한 가지 측면만 보는 경향이 있다. 예를 들어 '목을 축이기 위해' 차를 마시고, '배를 채우기 위해' 밥을 먹는다. 하지만 우리도 부자들처럼 '내가 지금 어떤 가치를 위해' 지출하는지를 다각도로 따져보고 명확히 파악한다면, 같은 돈을 쓰더라도 더 현명하게 소비할 수 있지 않을까? 이제부터라도 돈을 쓸 때마다 그 돈이 나에게 가져다주는 '진정한 가치'를 생각해보길 바란다.

09

자산을 직접
눈으로 확인한다

앞서 금이나 백금은 불에 타지 않는다는 이유로 부자들이 무척 선호하는 투자 상품이라고 이야기했다. 그런데 이들 상품에는 '보관'이라는 문제가 따른다. 부피가 크고 관리하기도 쉽지 않기 때문에 일반적으로는 은행 금고나 귀금속 회사에 맡겨두어야 한다는 생각이 들게 마련이다. 하지만 부자들은 유·무형의 자산을 '직접' 관리해야 리스크를 줄일 수 있다고 말한다.

"내 재산을 보관해주는 은행이나 관리 회사가 도산해버리면 어떻게 되겠는가? 항상 만일의 경우도 염두에 두어야 리스크를 줄일 수 있네."

보안 측면에서도 부자들은 자신이 직접 재산을 가지고 있어야 더 안전하다고 단언한다. 물론 부자들의 금고는 그 어떤 보안 시설에 견주어도 뒤떨어지지 않을 만큼 방범 대책이 잘 마련되어 있다. 실제로 자산을 전부 집에 쌓아두고 있는 부자의 금고를 본 적이 있다. 5제곱미터(약 1.5평) 정도의 공간이었는데, 마치 영화에 나오는 금고처럼 입구가 벽으로 위장되어 있어 전혀 알아차리지 못했다. 금고를 열 수 있는 사람도 본인과 직계 가족 이외에는 아무도 없다. 물론 방범 센서도 몇 겹으로 설치되어 있었다.

부자들의 견고한 금고에는 귀금속이나 현물뿐 아니라 다른 물건도 들어 있다. 프랜차이즈 음식점을 경영하는 부자는 '요리 레시피'를 금고에 넣어둔다고 했다. 달랑 종이 한 장뿐이지만, 그 레시피로 전국적인 프랜차이즈 사업을 일구었기 때문에 본인에게는 돈이나 금보다 더 가치 있는 물건이라고 했다.

부자들이 금이나 백금과 같은 현물을 직접 보관하는

이유는 또 있다. 바로 자산의 가치를 '실감'하기 위해서이다. 직접 금고를 마련해 자산을 보관하면 얼마나 늘고 줄었는지 눈으로 확인할 수 있다. '금을 너무 많이 팔았네. 보충해야겠어', '금 가격 추이에 비해 너무 많이 가지고 있는데, 팔고 백금을 늘려볼까?' 하는 식으로 생각하게 되는 것이다. 이처럼 자산을 시각화하면 자산 균형이 나빠질 때마다 바로바로 대응할 수 있다. 더불어 일에도 동기가 부여된다. 한 부자는 "보관하고 있는 자산이 축나기 시작하면 조금 더 열심히 일해 채워야겠다는 마음이 드네." 라고 이야기했다. 즉, 자산의 증감을 직접 눈으로 확인하면 수입을 더 의욕적으로 늘릴 수 있다.

직장인 대부분은 월급을 은행 계좌로 받기 때문에 현금을 눈으로 보고 실감하기가 어렵다. 하지만 조금만 신경을 쓰면 부자들처럼 자산을 시각화할 수 있다. 예를 들어 급여나 보너스의 몇 퍼센트를 투자해 금이나 백금 혹은 외화를 구입한 후 집에 보관하면 된다. 부자들처럼 넓은 금고를 마련할 수는 없어도 작은 금고를 사 귀중품을 넣어둘 수는 있다. 하루에 한 번씩 금고를 들여다보면 점점 더 금고를 채우고 싶은 마음이 들게 마련이다. 그 마음이 곧 자산을 늘려야겠다는 동기 부여가 될 것이다. 그러면 수입도 더 빠르게 증가하지 않을까?

10

10원짜리 동전의
가치를 안다

유독 10원짜리 동전에 집착하는 부자가 있었다. 그의 집 금고에는 실로 엄청난 양의 10원짜리 동전이 있는데, 세어본 적은 없지만 전부 합치면 아마 10억 원 이상은 될 거라고 했다. 보통 사람들은 10원짜리 동전이 모이면 은행에 가져가 지폐로 바꾸거나 예금을 한다. 하지만 오히려 그는 정기적으로 지폐를 10원짜리 동전으로 바꾸어 금고에 넣어두곤 했다.

금고 안에 1만 원짜리 지폐가 다발로 쌓여 있다면 이해가 된다. 그런데 지폐가 아니라 10원짜리 동전이 가득 들어 있다면 누구나 왜 그런지 물어보고 싶어진다. 그는 동전을 모으는 이유에 대해 이렇게 이야기했다.

"10원짜리 동전 하나를 만드는 데에 얼마가 필요하다고 생각하나? 주재료인 알루미늄과 구리, 제조 비용을 모두 합하면 20원 정도가 들지. 화폐 중 유일하게 액면 가치가 제조 원가의 절반 값이야."

10원짜리를 제외한 다른 동전이나 지폐는 제작 비용이 액면 가치보다 훨씬 적다. 부자는 여기에서 10원의 가치를 발견했다. 더불어 그는 10원짜리 동전을 수집하는 일이 최악의 사태에 대비하는 '최선의 방위책'이라고도 말했다.

"국가의 화폐 제도가 무너지면 지폐 따위는 휴지 조각이 되고 말지. 하지만 10원짜리 동전은 화폐로서의 가치를 잃어도 알루미늄이나 구리로서의 가치는 남아. 국가가 파산하면 재료로 팔 수 있다는 뜻이네."

현재 알루미늄의 국제 가격은 1킬로그램당 약 2100원이다. 10원짜리 동전과 동일한 1그램으로 계산해보면 대략

2원이 되므로, 사실상 손해이기는 하다. 하지만 나라가 혼란에 빠져 인플레이션이 발생하면 알루미늄의 가치가 더 높아질 가능성도 충분히 있다.

또 부자들은 자국의 통화에 찍혀 있는 숫자를 절대적으로 신용하지 않는다. 러시아나 중국의 대부호들은 자산을 달러로 바꾸어 해외로 가져가거나, 최대한 금이나 백금으로 바꾸어 가지고 있으려고 한다. 정치나 경제가 불안정한 나라에서 자국의 통화가 리스크에 노출되어 있다는 생각은 부자들이 가진 너무나 당연한 감각이다. 그리고 이는 그들이 갖춘 투자의 기본자세와 깊은 연관이 있다. 부자들은 대체로 장기간에 걸쳐 자산 형성 계획을 세운다. 여기서 장기란 10~20년이 아니라 손자나 증손자 세대까지를 말한다. 그래서 미국이라는 초강대국에 투자할 때조차 '아직 역사가 짧은 나라이니 앞으로 무슨 일이 발생할지 모르고 대응이 어려울 수도 있다'고 생각한다.

10원짜리 동전을 모으는 일은 먼 훗날까지 내다보는 부자의 투자 철학을 상징한다. 그는 부자가 되기 전부터 10원짜리 동전을 꾸준히 모아왔다고 한다. 수십 년이나 이어지고 있는 그만의 투자 노하우인 셈이다. 젊은 시절부터 이 토록 철저하게 리스크를 관리해온 덕분에 큰 부를 쌓지 않았을까?

물론 지금 당장 우리 집 금고에 10원짜리 동전을 쌓아두기란 현실적으로 불가능하다. 하지만 부자들이 리스크를 대하는 자세만큼은 배워볼 만하다. 지금이라도 다양한 나라의 화폐를 구입해보도록 하자. 이때 높은 금리에만 현혹되지 말고, 화폐를 발행한 나라의 신용을 생각해보길 바란다. 그 나라에 전쟁이 발생할 가능성은 없는지, 재정이 파산할 위험은 없는지, 화폐를 아무런 계획 없이 무작정 찍어내고 있지는 않은지를 고려하라는 의미이다. 물론 화폐의 신용도나 안정성을 예측하기 어려울 때도 있다. 그러니 비교적 안전하다고 여겨지는 나라들의 화폐를 다양하게 구입하면 리스크를 최소화할 수 있다. 10원짜리 동전을 소중히 여기는 부자들의 자세를 통해 언제든 자국의 화폐도 가치를 잃을 수 있다는 점을 인지하고 투자에 신중을 기하도록 하자.

11

로우 리스크, 하이 리턴은
얼마든지 있다

부자들은 금이나 백금과 마찬가지로 '기념주화' 역시 우량 투자 상품이라 입을 모은다. 우리 고객 중에도 기념주화가 발행되면 수백 매에서 수천 매를 한꺼번에 구입하는 사람이 많다. 그들은 은행 직원이 찾아올 때마다 "이번 기념주화는 무엇인가?"라고 물어본다. 그래서 처음에는 '부자들이 취미로 기념주화를 모으는군'이라고 생각했다. 하지만 그들은 "기념주화야 말로 최고의 투자 상품이네."라며 딱 잘라 말했다.

"기념주화는 원금이 보증된 데다 나중에 가격이 크게

오르는 경우도 많지. 이만큼 투자에 적합한 상품이 또 어디 있겠는가?"

보유하고 있던 기념주화의 가격이 상승하면 주화 상점에 팔아 이익을 남길 수 있다. 특히 발행 당시에 화제가 된 금화나 한정판 주화는 가격 상승 비율이 꽤 높은 편이다. 예를 들어 일본에서 1990년에 발행한 천황 즉위 기념 10만 엔짜리 금화는 현재 가치가 13만 엔이 넘는다. 1999년에 발행한 천황 재위 10주년 기념 1만 엔짜리 금화는 놀랍게도 9배나 올라 9만 엔이 되었다. 2002년 국제축구연맹(FIFA)에서 발행한 월드컵 한일 공동개최 기념 1만 엔짜리 금화도 6~7만 엔에 거래되고 있다. 여기서 말한 금화의 가격은 특정 시기에 조사한 것이므로 완전히 정확하다고 단정할 수는 없다. 그래도 부자들이 기념주화를 '최고의 투자 상품'이라 여기는 이유는 잘 전달되었으리라 생각한다.

사실 보통 사람들은 기념주화의 존재 자체도 잘 모른다. 하지만 우리가 생각하는 것 이상으로 기념주화는 꾸준히 발행되고 있다. 모두 가격이 오르지는 않지만, 부자들은 기념주화만큼 안정적인 투자 상품은 없다고 입을 모은다. 왠만해서는 액면의 가치가 그대로 보증되기 때문이다. 부자들은 자산을 축내지 않고 지키는 것이 가장 효과적인 투자라고 말한다. 그래서 가격이 오르는 투자 상품 못지않게 가치가 하락하지 않는 투자 상품에도 큰 관심을 갖는다.

물론 지금 당장 우리가 부자들처럼 기념주화를 수백 매나 구입하기는 어렵다. 하지만 1000만 원을 정기 예금으로 넣을 계획이라면, 그 대신 100만 원짜리 기념주화를 열 매 구입해 이익을 남기는 편이 훨씬 더 수익성 높은 투자가 되지 않을까? 원금이 보증되어 있기 때문에 예금만큼 안전하고, 시중 금리보다 더 높은 프리미엄이 붙을 가능성도 크기 때문이다. 우리도 부자들을 본받아 안전함과 동시에 경우에 따라 가격이 크게 상승하는 투자 상품이 없는지를 항상 살피고 찾아야 자산을 크게 늘릴 수 있다.

12

최고의 투자는
절약이다

하룻밤 사이에 억 단위의 돈을 벌고 움직이는 부자들은 분명 '돈 모으기의 귀재'이다. 하지만 의외로 부자들은 자산을 모으고 늘리는 것보다 '불필요한 지출을 줄이는 일'이 훨씬 더 중요하다고 입을 모은다.

"잘 생각해보게. 내가 가진 자산의 10퍼센트를 늘리는 건 아주 어려워. 하지만 지출을 10퍼센트 줄이는 일은 의외로 간단하지."

부자들은 돈을 늘리는 최고의 투자가 '절약'이라는 사

실을 너무나 잘 알고 있다. 우리 고객 중에는 2008년에 발생한 리먼 사태로 인해 자산의 3분의 1을 잃은 사람이 있다. 막대한 손실을 메우기 위해 경기가 회복되면 적극적으로 투자를 감행할 줄 알았는데, 실제로 그는 정반대로 행동했다. 즉, 철저하게 '절약'에만 힘을 쏟았다. 일본에 집을 여러 채 소유하고 있었기 때문에 집사들에게도 "집에 들어가는 유지 관리비를 어떻게 하면 줄일 수 있을지 함께 고민해주게."라고 도움을 요청했다.

워낙 큰 부자여서 우리 같은 보통 사람과는 절약의 차원이 다르지만, 그의 절약 사례를 잠깐 소개하면 이렇다. 먼저 그는 자동차 관리 비용을 줄였다. 1년에 몇 번 타지 않는 자동차라도 일주일에 한 번은 시동을 걸고 달려줘야 하는데, 그는 이 일을 외부 회사에 맡기고 있었다. 그 비용을 절약하기 위해 우리 집사들이 대신 시동을 걸어주었다. 더불어 집에 딸린 수영장의 물을 전부 빼냈다. 수영장을 언제든지 이용하기 위해서는 항상 물을 순환시켜줘야 한다. 수도세는 물론 모터를 돌리는 전기세만 해도 한 달에 400~500만 원이 훌쩍 넘게 들었다.

이처럼 설비를 운영하기 위해 발생하는 부대 비용이나

불필요한 지출을 영어로 '러닝 코스트(Running cost)'라고 한다. 세계적인 금융 자산 관리자들은 "가계는 보험료나 휴대 전화 요금과 같은 러닝 코스트를 우선적으로 줄이기만 해도 절약에 큰 효과를 볼 수 있다."라고 말한다. 내가 만난 부자들 역시 다달이 나가는 부대 비용을 줄이는 일이 재산 축적의 첫걸음이라 입을 모았다.

다음으로 부자들은 '식비' 절약에 신경을 많이 쓴다. 부자의 반열에 오르면 참석해야 할 회식 자리가 많아지고, 각종 파티에도 자주 초대받는다. 점심과 저녁을 함께 먹는 사람들도 대개 큰 부자라 때로는 식비가 상당히 부담으로 작용한다. 앞서 리먼 사태로 자산을 잃은 부자는 크게 내키지 않는 회식이나 파티는 실례가 되지 않도록 정중하게 거절을 한다고 했다. 부자들은 평소 가족과 먹는 저녁 식사에도 사치를 부리지 않는다. 젊은 시절 어려움을 겪으며 성공한 사람이 많아 부자가 된 후에도 검소한 생활이 몸에 고스란히 배어 있다. 실제로 자수성가를 해 큰 부자가 된 우리 고객은 "내가 이만큼 돈을 번 건 젊은 시절에 누구보다도 더 어려운 생활을 했기 때문이네."라고 이야기했다. 그가 절약하는 모습은 그야말로 지독하리만치 철저하다. 자취생 시절에는 수도세를 절약하기 위해 최대한 집에서 화장실 사용을 자제했다고 한다.

그런데 항상 뛰는 놈 위에는 나는 놈이 있다. 내가 아는 다른 부자는 수도 사업소에 전화를 걸어 아예 집 수도를 끊어버렸다고 했다. 설령 물을 쓰지 않더라도 기본요금은 계속 나오고, 상수도와 연동되어 하수도 요금까지 내야 했으므로 상당한 낭비라 생각했다고 한다. 목욕은 어떻게 했냐고 묻자 친구의 집에서 해결했다는 웃지 못할 이야기까지 들려주었다. 월급이 아주 적었을 때부터 지금까지 지독하게 돈을 모아온 그는 부자가 된 비결을 단연 '절약'으로 꼽았다.

절약에 일가견이 있는 다른 부자와 식사를 하며 나는 또 한 번 절약에 대한 큰 가르침을 얻었다. 그와 고급 프렌치 레스토랑에서 점심을 먹기로 했는데, 평소에는 항상 밥을 사주던 부자가 그날은 웬일인지 "각자 냅시다."라고 말했다. '뭐 그럴 수도 있지' 하며 메뉴판을 보다가 나는 별생각 없이 그와 같은 메뉴를 골라 주문했다. 음식이 나오고

막 포크를 집는데, 그는 "자네는 왜 나와 같은 음식을 주문했나?"라고 물었다. 당황한 나는 "아무래도 같은 음식을 먹는 게 좋지 않겠습니까?"라고 우물쭈물 대답했는데 뜻밖의 말이 돌아왔다.

"자네의 자산은 내 자산에 비해 턱없이 모자라지 않은가. 그렇게 돈을 함부로 써서 어느 세월에 돈을 모으겠어? 만약 자네의 자산이 내 자산보다 1000배 적다면, 가격도 1000배 더 싼 음식을 먹어야 하네."

실제 식사 자리에서 그렇게까지 메뉴에 차이를 둘 수는 없지만, 그 정도의 마음가짐이 있어야 부자가 될 수 있다는 뜻이었다. 분명 그는 나에게 '절약의 중요성'을 알려주기 위해 '각자 내자'고 했던 게 아닐까?

만약 월급이 적고 돈이 좀처럼 모이지 않아 한탄만 하고 있다면, 한번 죽을힘을 다해 절약에 도전해보길 바란다. 내 통장을 좀먹는 러닝 코스트를 파악하고 불필요한 낭비를 줄여나가는 게 첫 번째 과제다. 거의 쓰지 않는 신용 카

드의 연회비나 불필요한 인터넷 서비스 이용 요금이 분명 있을 것이다. 그리고 각각은 적은 금액이지만 모아보면 제법 큰돈이 될 것이다.

　더불어, 무심코 주변 사람들과 똑같이 돈을 쓰는 습관도 점검해볼 필요가 있다. 다른 사람이 1만 원짜리 점심을 먹는다면 나는 5000원으로 줄이려는 노력을 해야 한다. 수많은 부자가 그랬듯이, 철저한 절약은 나 역시 부자가 될 가능성을 한층 더 높여줄 것이다.

13

때로는 투자에도
기다리는 자세가 필요하다

부자들은 왠지 결단력과 실행력이 강해 '돈 되는 일'이라면 물불을 가리지 않고 곧장 달려들 것 같다. 하지만 의외로 실제 투자를 결정하는 데에 상당한 시간을 들이며 고심하는 사람이 많다. 특히 처음 투자하는 분야이거나 금액이 큰 투자, 혹은 예측이 어려운 투자를 앞두고는 반드시 '한 번' 결정을 보류한다. 그런데 수백 명의 부자를 만나보고 특이한 공통점을 발견했다. 그들은 모두 똑같이 보류 기간을 '3개월'로 정해두고 있었다. 선물 거래에 대한 투자 결정을 3개월간 보류한 부자에게서 자세한 이유를 들을 수 있었다.

"3개월이라는 시간을 가지면, 그동안 머릿속에 '선물 거래'라는 키워드가 계속 맴돌지. 그러면 신문이나 책을 볼 때, 혹은 사람들과 만나 대화할 때에도 '선물 거래'라는 말에 안테나를 세우지 않겠는가. 3개월 동안 그렇게 투자처에 관한 정보를 수집하는 걸세."

부자들은 보통 사람들에 비해 돈 버는 일에 관해서라면 학습 능력이 무척 뛰어나다. 그래서 3개월 정도면 투자할 상품의 특징이나 리스크를 전문적인 영역까지 모두 파악한다. 이런 과정을 몇 번 거치고 나면 투자 대상의 가치를 꿰뚫어보는 능력이 몸에 밴다고 했다.

투자를 즉시 결단하면 큰 이득을 얻을 수 있지만, 이와 달리 조바심을 내지 않고 정보를 수집하면 올바른 판단을 내릴 수 있다. 부자들은 회사의 인수·합병을 결정할 때 혹은 부동산을 구입할 때와 같은 큰 사안이라도 직감적으로 '좋다'는 느낌이 오면 바로 일을 진행한다. 하지만 단 1퍼센트라도 미심쩍으면 반드시 3개월간 결정을 보류한다. 물론 그래서 기회를 놓치는 일도 다반사다. 그러나 반대로 보류하는 3개월간 투자 상품의 가격이 내려가는 일도 아주 많았다.

판매자들은 으레 "지금이 살 때입니다.", "오늘까지만 할인합니다.", "다른 고객도 긍정적으로 검토하고 있습니다."라는 말을 늘어놓으며 결정을 부추긴다. 하지만 부자들은 이 말이 영업용 멘트라는 것을 직감적으로 안다. 실제로 이런 말을 들은 후 3개월간 상품을 검토해보면, 여전히 물건이 남아 있거나 가격이 떨어지기도 한다. 특히 부자들은 투자를 보류한 부동산의 가격이 지속적으로 떨어지면 오히려 때를 보아 그 물건을 구입한다. 기다림의 시간을 '이익'으로 바꾸는 것이다.

부자들이 실천하는 '기다림의 자세'는 투자를 할 때 필시 본받아야 한다. 소액의 상품은 일일이 가게를 돌아다니며 비교하거나 할인율에 민감하게 반응하면서, 주택이나 보험, 자동차 같은 큰 물건을 구입할 때는 꼼꼼하게 검토하지 않고 영업사원의 말에만 의존하는 사람이 많다. 이뿐만이 아니다. 분양 아파트를 구입할 때 영업사원이 "엄청나게 인기 있는 물건입니다."라고 한 말에 속아 허둥지둥 달려들었는데 1년 뒤에 아직 팔리지 않은 집이 도리어 싸게 나오는 일은 또 얼마나 많은가.

'지금 사지 않으면 손해 보지 않을까' 하는 초조함이 느껴질 때는, 부자들처럼 3개월간 결정을 보류하며 상품을 꼼꼼히 검토해보는 자세가 바람직하다.

집사가 남몰래 기록한

부자의
소비 원칙

14

1000만 원짜리 와인으로
500억 원을 번다

역시나 부자들은 꽤 자주 파티를 연다. 비즈니스로 친해진 사람들을 집이나 별장으로 초대해 아껴두었던 와인을 나누어 마시곤 한다. 부자가 주최하는 파티이기 때문에 평범한 사람이 구경조차 하지 못할 만큼 진귀한 와인이 테이블에 올라온다. 그중에는 한 병에 1억 원이 넘는 최고급 프리미엄 와인도 있다.

특히 부자들은 중요한 파트너와 함께 와인을 마시고 잡담을 나누다가, 적당한 때를 봐서 "이 와인은 여러분도 아는 유명 소믈리에의 도움으로 1억 원에 구입했답니다."라고 자연스럽게 가격을 언급한다. '매사에 조심스러운 부

자가 굳이 와인 가격을 밝히는 이유는 뭘까?' 하는 생각이
들었지만 사실 다 그럴 만한 목적이 있었다.

일단 손님들은 가격을 듣자마자 손에 들고 있는 와인
잔을 보며 머릿속으로 계산을 한다. '여덟 잔이 나왔으니
까 한 잔의 가격은 1250만 원이겠구나' 하고는 비싼 와인
을 기꺼이 내어준 호스트의 접대에 고마움을 느낀다. 부자
의 파티에 초대받은 사람들은 대개 지위가 높거나 재산이
많고, 자주 최고급 요리나 술을 대접받는다. 하지만 한 잔
에 1000만 원이 넘는 와인을 마시면 아무리 미각이 뛰어난
사람이라도 강한 인상을 받게 마련이다. 좀처럼 맛보기 힘
든 진귀한 와인을 마시며 손님들은 자연스럽게 와인에 얽
힌 이야기를 나누고 그러는 사이 마음의 거리는 한층 좁혀
진다. 부자는 이 시간을 발판 삼아 그간 마음속으로 점찍어
두었던 손님과 깊은 관계를 다지려고 노력한다.

우리가 관리하는 고객 중 한 명도 와인 파티를 통해 새
로운 거래처를 얻었다. 그 결과 매출이 1년 만에 500억 원
을 돌파했다고 하니, 한 잔에 1000만 원짜리 와인으로 수천

배나 돈을 벌었다고 해도 과언이 아니다. 이제 막 거래처와 사업을 시작하는 단계이므로 앞으로 더 크게 발전할 가능성도 충분히 있다. 그렇게 생각해보면 부자에게 1000만 원짜리 와인 한 잔은 그리 대단한 투자가 아니다.

'식사 대신 시계나 골프채 세트 같은 1000만 원 상당의 선물을 주는 편이 낫지 않을까?'라는 생각도 든다. 하지만 고가의 물건은 오히려 경계심이나 오해를 불러일으키기 쉽다. 또 아무리 돈이 많은 부자라도 1000만 원짜리 선물을 덥석 받기란 부담스럽다. 그러면 선물을 주고도 돈독한 관계를 맺기가 어려워진다. 대개 음식 선물은 '사라지는 것'이라 무의미하게 생각하는데, 사실 받는 입장에서는 계속 남아 있는 값비싼 물건보다 먹어 없앨 수 있는 음식이 덜 부담스럽게 마련이다.

아무리 돈이 많다고 해도 누군가에게 1000만 원어치 식사를 대접하는 일은 말처럼 쉽지 않다. 고급 레스토랑에서 성대하게 술과 음식을 주문해도 한 사람당 많아봐야 500만 원 수준이다. 그렇게 생각해보면 부자의 와인 파티는 상당히 스마트한 접대 전략이다. 상대방이 크게 경계심을 품지 않고 한 잔으로 1000만 원을 채울 수도 있으니 말이다. 인간관계를 잘 이용하는 부자들은 사람의 심리를 본능적으로 간파하고 있다.

물론 일반적인 우리가 손님에게 1000만 원짜리 와인을 대접할 수는 없다. 하지만 응용은 가능하다. 비즈니스 파트너로서 친하게 지내고 싶은 사람이 있다면, 명품이 아닌 고급 음식을 선물해봄이 어떨까? 사업에서뿐만 아니라 마음에 드는 이성에게 주는 선물로도 안성맞춤이다. 느닷없이 고급 명품 가방이나 액세서리를 선물하면 상대방이 부담스럽게 느끼지만, 똑같은 가격이라도 초콜릿을 준다면 크게 저항하지 않을 것이다.

설령 상대방이 나에게 호의적이지 않아도 음식 선물은 다 함께 나누어 먹을 수 있기 때문에 기꺼이 받는다. 무엇보다도 평소에 잘 먹지 않는 특별한 음식을 선물로 받으면 누구라도 큰 기쁨을 느낀다. 우리도 부자들의 접대 노하우를 배워 현명하게 자신의 인상을 남겨보자. 분명 새로운 기회가 열릴 것이다.

15

모든 확률을
운에 맡기지 않는다

　자기 힘으로 재산을 일군 부자들은 공통적으로 돈에 대해 무척 합리적이고 냉정한 사고를 한다. 특히 '운'에 전적으로 의지하는 투자는 절대로 하지 않는다. 실제로 내가 아는 상위 1퍼센트의 부자 중에 '복권'을 구입하는 사람은 단 한 명도 없다.

　복권을 일컬어 '서민의 꿈'이라고 한다. 로또 복권 1등에 당첨되면 수십억 원을 손에 쥘 수 있고, 평생 놀고먹을 수 있다는 생각에 정기적으로 사는 사람도 꽤 많다. 그런데 사실 한 사람이 평생 동안 로또 복권 1등에 당첨될 확률은 대략 815만분의 1로, 지극히 낮다. 아무리 복권을 많이 사도 수십억 원을 손에 넣는 건 그야말로 '꿈속의 꿈'이다. 매주 복권을 대량으로 사는 이른바 복권 마니아들은 복권이 실현 불가능한 꿈이라는 걸 잘 알지만, 그래도 혹시나 하는 마음에 기대를 건다.

최근 매스컴을 통해 '세계적인 갑부가 매주 로또 복권을 대량으로 사서 1등에 당첨되었다'는 속설이 나돌았다. 그러고 보면 '돈이 많은 부자들은 1등에 당첨될 확률도 높지 않을까?'라는 생각이 든다. 나는 이런 이야기를 전해 듣고 우리 고객 중 한 명에게 "정기적으로 복권은 안 사십니까?"라고 물어본 적이 있다. 그러자 그는 진지한 얼굴로 이렇게 대답했다.

"구입한 복권이 환원될 확률은 약 46퍼센트네. 만약 복권을 10만 원어치 샀다면 그 순간 나에게 남는 가치는 4만 6000원으로 떨어지는 거지. 그렇게 계산했을 때 70억 원에 당첨되기 위해서는 140억 원 넘는 돈을 투자해야 하는 거야. 도박보다 훨씬 더 불리한 게임이지. 이래도 복권을 사겠다는 마음이 드는가?"

경마나 경륜과 같은 공영 도박의 환원율은 약 75퍼센트, 라스베이거스나 마카오에 있는 카지노의 환원율은 약 90퍼센트라고 한다. 그렇기 때문에 '복권이 도박보다 더 불리한 게임'이라는 부자의 말은 과장이 아니다. 다른 고객들 역시 "복권을 사느니 차라리 리스크가 큰 사업에 투자하거나 저가주를 사겠네."라고 입을 모은다. '저가주'란 실적이 나쁘거나 불미스러운 일로 주가가 최저 수준에 머물러 있는 주식을 말한다. 경영이 부실한 기업의 주식이므로 가격이 지금보다 더 떨어지면 휴지 조각이 될 가능성도 크다. 하지만 반대로 우량 기업과의 제휴나 인수·합병 소식이 들리면 단숨에 가격이 뛰어오른다. 정말 드문 경우이지만 매수가의 열 배까지 폭등하는 일도 더러 있다. 그렇게 되면 주식 투자라기보다는 오히려 도박에 더 가깝다. 그래도 부자들은 복권을 구입하는 일보다 저가주에 대한 투자가 더 합리적이라고 생각한다.

"저가주라고 해도 직접 발로 뛰며 정보를 수집하고, 조금이라도 오를 가능성이 있는 종목을 골라 매수하기 때문에 완전히 도박이라고 보기는 어렵지. 성공을 100퍼센트 운에 맡기는 복권과는 차원이 다른 투자야."

하지만 부자라고 해서 운을 전적으로 부정하지는 않는다. 오히려 사업을 하는 부자들은 "그때는 정말 운이 좋았어. 얼마 전에 착수한 신규 사업도 결국 운에 달렸네."라며 '운의 존재'를 입에 담는 경우가 많다. 즉, 부자들은 운을 부정하지는 않지만 그렇다고 하여 모든 확률을 운에 맡기지 않는다. 하나부터 열까지 운에만 의존해 사업을 하거나 투자를 감행하지 않는다는 뜻이다. 옆에서 지켜보면 마치 도박처럼 보이는 사업이라도 일단 하기로 결심했다면 자금을 넉넉하게 준비하거나 협력자를 찾아 나서는 등 지금 바로 할 수 있는 모든 수단을 총동원하여 성공 확률을 높인다. 해야 할 일을 모두 한 다음에 '이제는 정말 운에 달렸다'고 생각하는 것이다. 반대로 말하면, 결국 마지막에는 운에 맡길 수밖에 없기 때문에 사람이 할 수 있는 일은 모두 다 한다는 게 부자들의 합리적인 '운 경영 방식'이다.

지금껏 만난 많은 부자들은 성공 확률을 높이기 위해

온갖 수단을 다 동원하고 자신의 힘으로 운을 끌어올려 성공을 거두었을 때 가장 기쁘고 보람찼다고 이야기했다. 한 번이라도 그런 기쁨을 맛본 사람은 복권과 같이 '100퍼센트 운에 맡겨 꿈을 사는 방법'에는 절대로 매력을 느끼지 않는다.

2장
집사가 남몰래 기록한 부자의 소비 원칙

16

잘 아는 분야에만
투자한다

보통 사람들은 주식 투자를 할 때 지금 화제가 되고 있는 기업에 주목하거나 전문가의 분석 자료만을 참고한다. 하지만 부자들은 다르다. 투자처를 선정할 때 다른 사람의 추천이나 판단에 의존하지 않고, 오직 '자신과의 연관성'만을 중시한다.

프랜차이즈 외식 업체를 경영하는 우리 고객은 한 의류업체 주식에 투자한다. 의류업계에서 나름 건실한 우량 기업으로 평가받고 있기 때문에 투자처로도 매우 인기 있는 종목이다. 하지만 그가 투자를 결심한 데에는 다른 이유가 있었다.

"우리 가게에서 입는 유니폼과 모자를 이 의류업체에 발주하고 있네. 마침 우리도 사업이 성장하여 거래를 늘려보려던 참이고. 다른 프랜차이즈 사장도 '우리도 그 회사에 의뢰해볼까?'라고 말하는 걸 보니 앞으로 이 주식은 계속 신장할 걸세."

또 다른 자동차 부품업체 사장은 수년 전부터 상품 선물 거래에서 백금에 투자하고 있다. 그 계기는 역시 자신이 하는 자동차 사업과 관련돼 있다. 그는 배기가스 규제가 강화되고 있는 자동차 업계의 움직임에 대비해 일찍이 대응 전략을 추진해왔다.

"우리를 비롯해 많은 자동차업체가 배기가스 억제를 위해 움직이고 있다면, 정화 촉매에 사용되는 백금의 수요도 틀림없이 증가할 것이라고 보았네. 그래서 백금 투자를 시작한 거지."

두 명의 부자는 공통적으로 자신의 경험에 비추어 '이거라면 성장할 가능성이 있다'고 피부로 느낀 분야에만 투자했다. 앞으로 시세가 상승하거나 하락한다는 전문가들의 분석은 중요하지 않다. 오히려 그들은 '내가 시세를 만든다'는 생각으로 투자에 임한다. 실제로 재빨리 성장주를 점찍고 막강한 자금력을 동원해 직접 시세를 만드는 일은 부자들에게 전혀 불가능한 일이 아니다.

이런 방식으로 투자를 하는 대상은 비단 금융 상품만이 아니다. 부자들은 자신과 인연이 있고 신뢰가 탄탄한 사람에게도 투자를 아끼지 않는다. 한 기업을 경영하는 오너 고객과 이야기를 나눌 때였다. 투자처로 검토하는 회사가 이전에 들어보지 못한 아주 작은 회사였기에 "왜 그 회사에 전망이 있다고 보셨습니까?" 하고 물어보았다.

"이 회사의 사장은 내가 직접 키운 사람일세. 설령 적자가 나도 도망칠 그런 사람이 아니야. 내가 그를 진심으로 응원하고 싶다는 게 가장 큰 이유겠지만."

물론 그 회사가 순조롭게 성장한다는 보장은 어디에도 없다. 하지만 그럴 때야말로 부자들은 직접 시세를 만든다.

'그의 회사라면'이라고 말할 정도로 믿었던 투자처가 경영 부진에 빠지면 거래액을 늘려주거나 큰일을 소개해주는 등 전적으로 지원을 아끼지 않는다. 사실 그렇게 되면 투자라기보다는 오히려 봉사에 가깝다. 하지만 작은 회사의 사장은 그에게 받은 응원과 은혜를 결코 잊지 않을 것이다. 다시 회사가 일어나 성장했을 때 최대의 위기에서 구제해준 부자에게 반드시 보답을 하게 마련이다.

부자들이 투자처를 진심으로 믿고 지원해줄 수 있는 이유는 오직 '자신과 인연이 있는 사람'이기 때문이다. 우리에게는 부자처럼 직접 시세를 만들 정도의 재력은 없지만 그들의 자세에서 투자의 중요한 포인트를 배울 수 있다.

만약 낯선 사람이 "라면 가게를 열고 싶은데 사업 자금을 빌려주세요."라고 말하면 돈을 내어줄 사람은 아무도 없다. 하지만 친분이 두텁고 능력 많은 동료가 "직장을 그만두고 라면 가게를 열고 싶은데 돈을 조금 빌려줄 수 있을까?"라고 부탁한다면 '이 사람이면 성공할 것 같은데 빌려줘도 괜찮지 않을까?' 하고 진지하게 생각해볼 수 있다. 그리고 그가 실제로 라면 가게를 열면 관심이 생겨 자주 방문하거나 지인을 데리고 가서 매출을 늘려줄 수도 있다. 자신의 소중한 돈을 투자할 때에는 진심으로 신뢰할 수 있는 사람인지를 판단해야 한다. 그러면 성공하기를 바라는 마음이 생겨 최대한 응원을 보내게 된다. 투자에는 본래 그만한 무게와 책임이 따르는 법이다.

세상의 평판이나 전문가의 의견을 곧이곧대로 듣거나, 자신과 전혀 관련이 없고 잘 알지도 못하는 회사에 소중한 자산을 맡기는 어리석은 투자는 그만두자. 성공하리라 확신이 드는 회사, 진심으로 응원해주고 싶은 회사를 분별한다면 훨씬 더 안전한 투자를 할 수 있다.

17

어렵고 복잡한 일을
심플하게 만든다

부자들은 매사에 '심플함'을 아주 중요시한다. 복장이나 인테리어도 심플한 디자인을 선호하는데, 사업을 할 때에도 '심플 이즈 베스트(Simple is Best)'라고 말하는 사람이 많다. 실제로 단기간에 재산을 일군 부자들은 대체로 사업을 심플하게 경영한다. 예를 들면 '전업(專業)'이다. 여기저기 손을 뻗지 않고 심플하게 한 가지 영역에만 초점을 맞춰 사업을 크게 성장시킨다.

건축용재 회사를 경영하는 고객은 사업 초기에 다양한 품목의 상품을 다루었다. 하지만 타사와의 치열한 경쟁으로 인해 매출이 뜻대로 오르지 않자, 굳은 마음을 먹고 '알루미늄' 하나만 취급하기로 했다. 취급 상품을 축소하는 대신 '알루미늄 제품과 관련한 일이면 뭐든 할 수 있는 회사가 된다'는 새로운 경영 목표를 세웠다. 알루미늄 건축용재의 판매와 시공은 물론 알루미늄 가공이나 재활용까지 사업을 확대했고, 알루미늄 프라이팬이나 타이어 호일 등 일반 소비재까지 취급하기 시작했다. 그 결과 '알루미늄 하면 그 회사'라는 평판이 확대되어 주문이 급증했고, 회사는 놀라운 속도로 성장했다.

가격을 심플하게 설정해 성공을 거둔 사람도 있다. 바로 주택 건축 전문회사를 경영하는 부자이다. 지금이야 '평당 500만 원'이라는 식의 광고를 하는 건축회사가 많지만, 과거에 주택 건축 비용은 설계부터 용재, 설비 옵션이 모두 포함되어 요금 체계가 복잡하고 이해하기 어려웠다. 하지만 그는 '평당 500만 원으로 지을 수 있는 집'이라는 지극히 심플한 가격 체계로 시장에 뛰어들었다. 가격이 명료할 뿐 아니라, 자신의 예산으로 충분히 집을 지을 수 있다는 안도감을 제공함으로써 소비자의 마음을 움직였다. 그 결과 건축업계를 대표하는 기업으로 성장할 수 있었다.

"'어렵고 복잡한 것을 최대한 심플하고 알기 쉽게 제공한다', 이것이 바로 사업을 확장시키는 비법이네. 자네도 이런 마인드로 회사를 경영하면 분명 성공할 수 있을 거야."

상품이나 서비스를 심플하게 만들어 성공한 사례는 얼마든지 더 있다. '인터넷 쇼핑몰'을 보면 쉽게 이해할 수 있다. 얼마 전 고급 의류를 판매하는 회사의 경영자를 만났는데, 오프라인 매장이 아닌 대형 인터넷 쇼핑몰에 입점을 준비한다고 하여 소감을 들어보았다.

"요즘 인터넷 쇼핑몰이 정말로 편리한 서비스라는 걸 뼈저리게 느끼고 있네. 과거에 우리 회사도 독자적으로 인터넷 사이트를 만들어 판매한 적이 있는데 손이 너무 많이 가서 그만두었지. 단지 홈페이지만 만들어놓는다고 해서 해결되는 일이 아니더군. 인터넷 쇼핑몰 출점에 수수료가 너무 많이 든다는 직원들의 의견도 있지만, 그 정도 요금으로 전국에 매장을 만든다고 생각하면 오히려 저렴한 투자가 아닐까?"

자신이 직접 인터넷 판매 사이트를 개설하고 운영하려면 회원등록, 포인트 관리, 결제 및 배송시스템과 같은 다양한 구조를 마련해야 한다. 여기에 시스템 오류도 해결해야 할 중요한 문제이다. 하지만 이미 만들어져 있는 인터넷 쇼핑몰을 이용하면 그런 수고와 시간을 덜 수 있다. 집객력과 인기가 높은 쇼핑몰은 판매 촉진 계획도 많이 제시해주고, 가맹점에 개별적으로 조언을 해주기도 한다. 더불어 인터넷 쇼핑몰에 가맹하면 복잡한 판매 사이트 구조나 운영 노하우를 패키지로 구매할 수도 있다. 그만큼 가맹점은 본업에 전념할 수 있다는 의미이다.

복잡한 구조를 찾으면 그곳에 승리의 기회가 숨어 있다. 복잡하고 수고스러운 일을 심플하게 만들어 제공하면, 사용자는 시간을 절약하고 스트레스에서 해방된다. 그리고 이는 곧 사업으로 연결된다. 평소 업무나 일상생활에서 '귀찮아. 누가 좀 해줬으면 좋겠는데'라고 생각한 일은 없는가? 그 일이 곧 비즈니스의 씨앗이 되어 커다란 사업 아이템으로 꽃필 것이다.

18

본업 이외의 일은
시간을 사서 해결한다

부자들이 가장 사고 싶어 하는 것은 무엇일까? 고급 자동차, 명품 시계, 별장 등의 답을 떠올리겠지만 정답은 바로 '시간'이다. 부자들은 자신이 쌓은 막대한 재산으로 시간부터 손에 넣으려고 안달이다. 모두 하나같이 약속이라도 한 듯 "돈으로 시간을 사고 싶다."는 말을 한다.

사실 우리가 제공하는 집사 서비스도 바로 '시간'이다. 고객들의 일상적인 일부터 비즈니스와 관련한 세세한 요청까지를 도와주지만, 사실 부자가 집사 서비스를 이용하는 진짜 이유는 잡무에서 벗어나 '자신만의 시간'을 만들기 위해서이다.

부유층을 대상으로 한 비슷한 유형의 '시간 절약 서비스'는 많이 있다. 고급 호텔에서는 VIP 회원들에게 '클럽 플로어(Club Floor)', '이그제큐티브 플로어(Executive Floor)'라고 불리는 부가적인 서비스를 제공하는데, 라운지 이용 혜택이 포함되어 있어 여유로운 시간을 보낼 수 있고 개인 비서 서비스를 통해 편안하게 업무를 처리할 수도 있다. 뿐만 아니라 전용 카운터도 마련되어 있어 혼잡한 시간대라도 지체 없이 체크인을 할 수 있다는 장점도 있다. 요즘에는 체크인도 필요 없다고 자랑하는 고급 호텔도 많은데, 우수 고객에게는 미리 스마트폰으로 전자 키를 보내주는 서비스도 점점 늘어나고 있다.

항공사에서 운영하는 '프라이빗 제트(Private Jets)'도 시간 절약 서비스 중 하나이다. 촌각을 다투며 전 세계를 드나드는 사업가에게 비즈니스의 성패를 좌우하는 가장 중요한 요소는 시간이다. 그런데 프라이빗 제트를 이용하면 보안 검사도 지체 없이 통과되고, 무엇보다 언제든지 자신이 원하는 스케줄에 맞춰 비행기를 이용할 수 있다. 짧은 시간이라도 효율적으로 활용하기를 원하는 부자들의 니즈에 딱 들어맞는 서비스라 할 수 있다.

부자들은 비즈니스를 할 때에도 적극적으로 시간을 산다. 한 대기업의 오너 경영자는 마치 일상적으로 쓰는 물건을 사듯 아무렇지도 않게 회사를 인수한다.

"회사가 시장에 새로이 진출하면 일정한 신용을 얻기까지 상당한 시간이 걸리게 마련이야. 하지만 그 시간을 돈으로 살 수 있다면 이보다 더 좋은 투자가 어디 있겠는가."

회사를 인수한다는 것은 그 회사의 신용을 통째로 산다는 의미이다. 바꾸어 말하면 인수당한 회사가 '신용을 쌓기 위해 소비한 시간'을 사는 것이다.

또 다른 고객은 서류 작성부터 거래처와의 미팅까지, '누군가가 대신해줄 수 있는 일은 반드시 대신하게 한다'는 원칙을 철저하게 고수한다. 그러기 위해 우수한 인재를 고용하고, 업무가 순조롭게 돌아가도록 구조를 만든다. 나는 집사 서비스 회사를 경영하는 동시에 집사 실무 업무도 보고 있는데, 한 고객으로부터 "사장이 직접 현장 일을 해서는 안 되네. 사장은 철저히 경영에만 집중해야 사업을 크게 키울 수 있어."라는 충고를 들었다. 또 다른 부자는 내게 이런 말을 하기도 했다.

"부를 쌓으려면 시간을 계속 사야 해. 직장에 다니면서 10억 원을 모으는 일은 절대로 꿈같은 이야기가 아니야. 그런데 이를 30년에 걸쳐 평생 버느냐, 아니면 1년 안에 버느냐에 따라 자신이 가지는 부의 규모가 달라지지. 10억 원을 1년 안에 벌기 위해서는 모든 시간을 '자신이 꼭 해야 하는 일'에만 써야 하네."

오랜 시간 부자들을 곁에서 지켜보니, 그들은 돈을 주고 산 시간을 정말로 남김없이 효율적으로 활용했다. 어렵게 마련한 시간 동안 새로운 사업을 구상하기도 하고, 이때다 싶은 중요한 국면에는 직접 현장에 나가 선두로 영업을 지휘하기도 한다. 또 그동안 좀처럼 만나지 못한 지인을 만나거나 사랑하는 가족과 즐겁게 시간을 보내기도 한다. 시간을 만들되 반드시 '자신이 해야 하는 일'에만 사용하는 것이다.

우리도 지금부터 '시간을 산다'는 발상으로 생활을 되짚어보자. 분명 내가 직접 하는 것보다 누군가에게 맡길 때 더 효율적인 일이 있게 마련이다. 적극적으로 시간을 사서 새로운 일에 도전한다면 비즈니스는 물론 우리의 일상도 더욱 가치 있어지지 않을까?

19

살 수 있을 때
일시불로 산다

많은 사람이 '집은 평생에 한 번 사는 것'이라고 생각한다. 하지만 이런 생각은 세계 각지에 별장을 여러 채 가지고 있는 부자들에게는 해당 사항이 없다. 더구나 그들은 집을 구입할 때 항상 '일시불'로 금액을 처리한다. 즉, 아무리 비싼 물건을 사더라도 대출을 전혀 받지 않는다는 뜻이다.

'돈이 엄청나게 많으니 당연한 거 아니야?'라고 생각하겠지만, 이는 단지 돈이 많아서라는 단순한 이유 때문만은 아니다. '지금 지불할 수 있는 돈은 지금 바로 지불한다'는 부자들의 기본적 소비 자세 때문이다.

호주에 호화로운 대저택을 소유한 부자는 매달 500만 원이나 드는 전기세를 절약하기 위해 10억 원을 들여 대규모 태양광 발전 시스템을 들였다. 아무리 생각해도 너무 큰 돈이라 "몇 년이 지나야 투자 금액의 본전이 됩니까?" 하고 물었더니 그는 웃으면서 이렇게 대답했다.

"10년이 걸리든 20년이 걸리든 크게 상관하지 않는다네. 본전을 찾기 전에 개축할 수도 있겠지. 총액을 생각하면 손해일 수 있지만, 그래도 다달이 드는 지출을 줄이고 싶었어."

부자들은 '계속 지불해야 하는 돈'에 무척 민감하다. 반드시 발생하는 지출도 최대한 줄이려고 노력한다. 앞으로도 지금처럼 돈이 들어온다는 보장이 없다고 생각하기 때문이다. 정말로 신중하게 투자를 했다고 하더라도 2008년의 리먼 사태와 같은 상황이 벌어지면, 수천억 원 규모의 자산이 순식간에 10분의 1로 줄어들기도 한다. 부자들은 세계 경제 시스템을 완전히 숙지하고 그 시스템을 활용해 자산을 늘렸기 때문에, 경제의 흐름에 따라 자산을 한 번에 잃을 수도 있다는 사실을 잘 알고 있다. 만약의 사태가 발생하면 호화 저택을 유지하는 데 들어가는 비용은 부담이 될 것이다. 경기가 침체되어 사업 자금으로 돈을 더 부어야 하는데 저택에 다달이 드는 비용이 있거나 대출금을 갚아야 한다면 얼마나 억울하겠는가. 그래서 부자들은 무엇이든 살 수 있을 때 일시불로 금액을 처리한다.

지불을 미루지 않는 건 집처럼 큰 물건을 살 때에만 국한되지 않는다. 예를 들어 보통 사람들은 당연히 할부로 구입하는 스마트폰 기기도 일시불로 산다. 물론 일시불로 산다고 해서 할인 혜택을 받는 것도 아니고 매달 할부로 지불하는 금액도 몇 천 원에 불과하지만, 부자들은 미래에 발생하는 지출이라는 사실만으로도 할부를 철저히 기피한다.

보험료도 마찬가지다. 납부 기간 동안 매달 보험료를 내기보다는 한꺼번에 모아서 지불하는 편을 선호한다. 한 40대 부자는 "50대가 되어 고액의 보험료를 내지 못하는 상황이 오면 곤란하겠지. 지금은 전혀 부담이 없으니까 한꺼번에 지불하는 거네."라고 이야기했다.

할부는 아니지만 스포츠 클럽처럼 매달 회비를 내야 하는 서비스도 좀처럼 이용하지 않는다. 우리 고객 중 한 명은 날마다 운동을 해야 한다며 별채의 방 하나를 리모델링해 스포츠 클럽처럼 꾸몄다. 여러 가지 운동 기구를 설치하고 심지어는 전속 트레이너까지 고용했다. 갑자기 운동에 싫증을 느끼면 거액의 투자가 소용없어지는 게 아닐까 걱정이 되었지만, "매달 회비를 내는 것보단 훨씬 마음이 편하네."라며 개운한 얼굴로 이야기했다.

우리가 부자들의 돈 쓰는 방법을 하나부터 열까지 똑같이 따라 할 수는 없지만, '현재와 동일한 수입이 미래에도 이어진다는 보장은 없다', '큰 것을 사면 반드시 유지 관리비가 따라 붙는다'는 감각 정도는 가질 수 있지 않을까? 지금은 돈이 없지만 장기 대출을 받으면 고가의 물건도 살 수 있다는 안이하고도 위험한 사고방식을 버려야 자산이 증가하기 시작할 것이다.

20

철저한 낭비는
더 큰 부를 부른다

앞서 '최고의 투자는 절약이다'라는 부자들의 사고방식을 이야기했다. 실제로 부자들은 '절약 정신'이 투철하다. 불필요한 낭비를 빠르게 알아차리고 이를 최대한 줄이기 위해 노력한다. 전기세나 가스요금, 수도세와 같은 공공요금부터 고액의 물건에 들어가는 유지 관리비, 매끼 식사에 들어가는 비용까지 어떻게 하면 사치하지 않고 검소하게 쓸지를 고민한다.

하지만 그렇다고 해서 모든 낭비를 불필요하다고 생각하지는 않는다. 어중간한 낭비는 엄격하게 삼가는 반면, 철저한 낭비는 일부러 하는 경우가 많다. 철저하게 계산된 낭비가 새로운 만남이나 비즈니스 기회로 이어져 더 많은 부를 끌어들인다는 사실을 잘 알기 때문이다.

예를 들어 우리 고객 중 한 명은 그림을 아주 좋아해 막대한 돈을 들여가며 고가의 그림을 수집한다. 게다가 수집에만 그치지 않고 긴자[銀座]의 중심가에 화랑까지 열어 운영한다. 실제로 화랑에는 그림을 좋아하는 사람이 많이 방문한다. 그는 "화랑을 열어 그림을 걸어두면 자연히 취향이 같은 사람이 모이게 되지. 화랑을 연 가장 큰 이유는 그렇게 모인 사람들과 활발하게 교류하고 싶어서야."라고 설명했다. 화랑을 자주 찾고 실제로 작품을 여러 점 구입하는 사람들은 대개 사회적 지위와 막대한 자산의 소유자이다. 처음 고객들은 그림에 관해 대화를 나누다가, 차츰 친해지면 서로의 신상 정보나 비즈니스에 대한 이야기를 꺼낸다. "어떤 일을 하시나요?" "저는 병원을 경영하고 있습니다." 라는 식의 대화가 자연스럽게 오간다.

그는 자신의 화랑이 그림 애호가들이 모이는 교류의 장이라고 굳게 믿는다. 신뢰할 수 있는 고객들이 만나고 교제할 수 있는 분위기를 조성하고 있기 때문이다. 이야기를 나누는 동안에 뜻밖의 형태로 새로운 사업 아이디어나 업무 제휴 제안이 나오기도 한다. 실제로 조금 전에 언급한 병원 경영자가 대화를 나누고 있는데 옆에 있던 다른 고객이 "저는 실버타운을 경영하고 있습니다."라는 이야기를 꺼내어 사업 제휴가 이루어졌고, 그들은 의기투합하여 새로운 요양 비즈니스를 추진했다.

또 다른 고객은 자동차 중에서도 특히 포르쉐를 좋아해 포르쉐 애호가들이 모여 있는 클럽에 가입했다. 사실 그들은 모여서 특별한 일을 하지 않는다. 단지 고속도로 휴게소나 주차 구역에 집합해 포르쉐를 타고 신나게 달릴 뿐이다. 간혹 레스토랑에 모여 느긋하게 포르쉐에 관한 정보를 공유하기도 하지만, 기본적으로는 차를 타고 함께 달리기만 하는 모임이다. 하지만 그는 포르쉐 모임을 무척이나 소중하게 생각한다. 화랑을 경영하는 부자와 마찬가지로 포르쉐를 통한 '의외의 만남'을 기대하기 때문이다.

"물론 포르쉐는 고급 자동차이고, 유지 비용도 만만치

않게 들어가네. 그래서 포르쉐를 소유한 사람 중에는 널리 알려진 집안의 자제나 큰 성공을 거둔 사업가가 많지."

더불어 그는 공통된 취미 활동을 통해 만난 사람들은 끈끈한 연대 의식이 있어서 쉽게 비즈니스 고객이 되거나 새로운 동업자로 발전할 가능성이 높다고 말했다. 즉, 포르쉐를 가짐으로써 '포르쉐 이상의 가치'를 얻을 수 있다고 생각한다.

직접적인 이득으로 연결되지 않는 고급 취미 활동이나, 거액의 물건을 구입하는 일은 보통의 사람들에게 치명적 낭비이다. 쉽게 흉내 낼 수도 없다. 하지만 그래서 '철저한 낭비'는 의미가 있다. 변화를 바라지 않고 평범한 일상생활만 유지해서는 계속 비슷한 수준의 사람과 마음 편한 인간관계만 갖게 되기 십상이다. 하지만 철저하게 계산된 낭비를 꺼리지 않고 색다른 취미나 일에 돈을 투자하면 더 높은 수준의 사람들과 만날 기회가 늘어난다. 좀처럼 교류하기 어려운 사람이라도 공통된 취미라는 접점으로 만나면 신분이나 직업의 벽이 낮아지게 마련이다.

요컨대 돈을 사용하는 데에도 밀고 당기는 자세가 필요하다. 가계를 관리하면서 의료비나 교육비, 통신비와 같은 고정비를 줄이고 불필요한 낭비를 삼가는 습관은 매우 중요하다. 하지만 자신이 좋아하는 일에는 허리띠를 조금 풀고 때로는 철저하게 낭비하는 자세도 필요하다. 부자와 같은 소비 감각을 가진다면 평범한 우리의 인생도 분명 크게 변화하지 않을까?

21

땀 흘려 번 돈으로는
사치하지 않는다

'오늘은 월급날이니까 비싼 술집에서 한잔 할까?'

'모처럼 만에 보너스가 들어왔는데 갖고 싶었던 명품 시계를 사볼까?'

이처럼 보통 사람들은 평소에 열심히 절약을 하면서도, 갑자기 통장에 돈이 들어오면 좀처럼 하지 않았던 사치를 부린다. 하지만 돈이 아주 많은 부자들은 자신이 땀 흘려 번 돈으로는 절대 사치하지 않는다. 그들이 사치를 할 때 쓰는 돈은 직접 번 돈이 아니라 '돈이 벌어다준 돈', 즉 주식이나 부동산 투자, 금융 상품이나 선물 거래 투자에서 얻은 간접 이익이다. 반대로 자신이 직접 번 돈은 사업 확장이나 새로운 투자를 위한 자본금, 혹은 기본적인 생활을 유지하는 데에만 사용한다.

우리 서비스를 이용하는 고객 중 한 명은 매년 여름마다 2주간 가족과 함께 하와이로 여행을 간다. 물론 오고가는 비행기는 모두 퍼스트 클래스이고, 현지에서 묵는 숙소도 고급 콘도 미니엄이나 일류 리조트의 스위트룸이다. 호화 크루즈를 타고 항해를 즐기거나 골프를 치는 등 값비싼 취미를 만끽하기 때문에, 한 번 여행을 하는 데에만 1억 원 가까운 돈이 들어간다. 그에게 "매년 호화 여행을 가시는데, 거기에 드는 비용을 수입의 몇 퍼센트로 정해두고 계십니까?"라고 물어보았다.

"그렇지 않네. 예전에 구입한 부동산에 임대를 놓아 연간 1억 원 정도 이익이 나는데 그 돈으로 매년 여행을 다니지. 내가 직접 일해서 번 돈으로는 절대로 이런 사치를 부리지 못할 걸세."

즉, 이전에 투자한 부동산 경영이 궤도에 올라 이익을

낳았고 그 돈으로 호화 생활을 누린다는 말이었다.

다른 고객인 여성 부자는 보석을 아주 좋아한다. 그녀에게도 비슷한 질문을 했는데, 보석을 살 때 들이는 돈은 모두 정기 예금의 이자라고 밝혔다. 지금은 금리가 낮아 예금 이자가 얼마 되지 않지만, 그래도 맡긴 원금이 수십억 원에 이르기 때문에 이자만 연간 수천만 원이 나온다고 했다. 그녀도 역시나 "내가 일해서 번 돈으로는 절대로 보석 같은 사치품을 사지 않아요. 그 돈을 축내지 않고 모아야 더 많은 이자를 받고 투자도 늘릴 수 있기 때문이지요."라고 웃으며 말했다. 부자들은 자신이 땀 흘려 번 돈을 소중히 모아 개인 자산이나 사업 자금으로 빼놓고 꾸준하게 늘려나갔다.

부자의 곁에 있으면 종종 "부자가 되는 비결이 무엇입니까?"라고 인터뷰하는 사람들을 보는데, 공통적으로 그들은 "돈을 쓰지 않는 것입니다."라고 대답해준다. '단순히 돈을 쓰지 않으면 돈은 불어나는 법. 이것만 제대로 실천해도 부자가 됩니다'라는 의미이다. 질문한 사람은 부자의 대답을 듣고 당황스럽다는 표정을 짓지만, 부자는 분명 '부를 끌어당기는 진리'를 정확히 간파하여 말해준 것이다.

물론 부자도 사사로운 욕구가 있다. 여행도 가고 싶고 아름다운 장신구도 좋아한다. 그 점은 우리와 다르지 않다. 하지만 우리와 부자들의 차이점은 '어떤 돈으로 사치를 하느냐'이다. 그들은 사치를 부릴 때 철저하게 '돈이 벌어다준 돈'만을 사용한다. 그런 소비를 지속하다 보면 자본금은 점점 늘어나게 마련이다. 모은 돈을 밑천 삼아 부동산이나 주식을 사고 예금액을 늘리면 더 많은 이자 수익을 얻을 수 있다. 부자들은 돈이 돈을 낳는 사이클, 즉 돈이 스스로 일하여 돈을 버는 구조를 올바르게 이해하고 있다.

22

크게 벌기 위해
리스크를 피하지 않는다

맨 앞에서 '불에 타는 것에는 투자하지 않는다'는 부자들의 원칙을 소개했다. 보통 사람들은 쉽게 떠올리지 못하는 특별한 노하우인데, 아무래도 부자들은 '불에 태우는 행위'를 좋아하는 것 같다. 얼마 전 한 고객이 나에게 이런 질문을 했다.

"자네는 지금 지갑에 든 돈을 태울 수 있는가?"

느닷없는 질문에 깜짝 놀라며 "아니요. 절대로 그렇게 못합니다."라고 대답했다. 그러자 그는 장난스럽게 웃으며 "그래서 자네의 회사는 크게 성장하지 못하는 걸세."라고 이야기했다. 당시에는 잘 이해가 되지 않았지만, 돌아서서 생각해보니 부자가 던진 질문은 엉뚱하지만 실로 이치에 맞는 이야기였다.

만약 지금 내가 사업을 한다고 가정해보자. 이때 무조건 지키는 전략만 구사해서는 절대 앞으로 나아가지 못한다. 사업을 크게 성장시키기 위해서는 때때로 불확실한 요소나 리스크를 피하지 않고 과감하게 공격하는 자세가 필요하다. 여기에서 말하는 공격적인 자세란 바로 '투자'다. 예를 들어 사람을 고용하거나 새로운 설비를 도입하고 지점을 늘리거나 광고를 내려면 큰 비용이 들어간다. 하지만 사업을 키우기 위해서는 그만한 거액의 투자를 감행해야 한다. 물론 거금을 투자했다고 하여 반드시 기대한 결과를 얻는 것은 아니다. 오히려 막대한 손실만 남긴 채 끝나버릴 가능성이 더 높다. 본디 투자란 자금이 하나도 남지 않고 완전히 사라질 가능성을 내포한다.

다시 부자의 질문을 떠올려보자. 지갑에 있는 돈을 전부 태우는 행위는 바로 '과감한 투자'를 의미한다. 지폐는 불이 붙는 즉시 타버려 재가 된다. 투자도 마찬가지다. 잘

못 불이 붙으면 투자금이 한순간에 재로 변한다. 부자는 나에게 '돈에 대한 마음가짐'과 '돈을 투자할 때 가져야 할 각오'를 물었던 것이다. '지폐를 태우기 전에 그 목적과 효과, 리스크를 면밀하게 따져보는가?' '막상 태우겠다고 마음먹으면 주저 없이 불을 붙일 수 있는가?' 부자는 사업가로서 크게 성공하기 위해 꼭 필요한 자세를 가르쳐주었다.

또 다른 부자는 "나름대로 성공을 거두어 한 번이라도 큰돈을 만져보면 지키겠다는 마음이 드는 게 당연하지."라고 말했다. 기껏 손에 넣은 돈을 잃고 싶지 않으므로 수익 여부를 판단하기 어려운 일이나 미래가 불투명한 사업에는 투자를 망설인다는 이야기였다. 하지만 그렇게 리스크를 피하기만 하면 단지 순수한 노동으로 얻는 돈에만 집중하게 되어 더 큰 성장을 기대할 수 없다.

"이익을 얻으면 그 돈이 알아서 일하도록 만들어야 하네. 새로운 사업에 도전하거나 직원 수를 늘려 더 크게 성장할 수 있는 일에 투자해야지. 그러지 않으면 큰일을 도모하기가 힘들어."

나는 그동안 꽤 많은 사업가를 만났는데, 큰 성공을 이룬 사람들은 공통적으로 이익을 과감하게 투자로 돌려 비즈니스를 확장시켰다. 물론 그중에는 지나친 투자로 인해 파산에 이른 사람도 있다. 이처럼 과감하게 투자를 할 때에는 반드시 리스크를 제대로 이해하고 꼼꼼하게 준비해야만 사업가로서 크게 성장할 수 있다. 하지만 설령 파산했다 하더라도 지키기만 해서는 얻을 수 없는 귀중한 경험치를 쌓았고, 그 경험을 다음 도약의 발판으로 삼을 수 있기 때문에 결코 의미 없는 실패라 보기는 어렵다. '넘어지더라도 그냥은 일어나지 않는다'는 의식이 사업을 성공시킨 부자들의 공통된 마인드이다.

　우리가 부자들만큼 거액의 투자를 하지는 못하지만, 대담한 자세나 실패하더라도 좌절하지 않는 정신적 강인함은 본받을 수 있지 않을까? 자격증 취득이나 어학 공부, 혹은 업계 모임에 참석해 인맥을 넓히는 일과 같은 '자기 투자'에는 망설임 없이 돈을 쓰는 자세를 가져보길 바란다. 이익이나 성공으로 이어지는 일에는 지폐가 재로 변하는 상황을 두려워하지 말아야 진짜 부자가 될 수 있다.

120
121

23

번 돈의 10%는
기부한다

부자들은 하나같이 '기부'에 인색하지 않다. 개발 도상
국 아이들에게 의약품이나 식량을 제공하는 단체, 부모 잃
은 아이들의 생활을 지원하는 단체, 병원이나 요양 시설,
교육 기관 등 그들이 기부하는 곳은 다양하다. 하지만 신기
하게도 금액은 모두 '자신이 번 돈의 10퍼센트' 정도였다.
"굳이 10퍼센트로 기부금을 정해둔 이유가 있습니까?"라
고 물어보았지만, 돌아온 대답은 "딱 떨어지는 숫자라서.",
"내가 무리하지 않고 낼 수 있는 금액이라서."라는 애매한
답뿐이었다. 아마 5퍼센트는 적은 것 같고, 20퍼센트는 부
담스러워서 도출된 숫자이지 않을까 싶다.

사람들에게는 일단 손에 들어온 돈을 절대 내놓고 싶지 않아 하는 심리가 있다. 물론 내가 번 돈을 오직 나만 위해 쓰고 싶다고 생각해도 전혀 지탄받을 일이 아니다. 하지만 부자들은 기부가 마치 당연한 일인 듯 선뜻 큰돈을 내놓는다. 기부에 대해 명확한 소신을 가진 고객으로부터 이런 말을 들은 적이 있다.

　"사람에게는 아무리 노력해도 안 되는 일이 있고 운에 좌우되는 상황도 많지. 나는 솔직히 내가 지금 이 자리에 있는 게 다 운이 좋아서라고 생각해. 그리고 운은 돌고 돌기 때문에 독점해서도 안 된다고 생각하네. 그래서 운이 없는 사람들에게 내 운을 조금이라도 나누어주고 싶은 걸세. 기부는 그런 마음의 표현인 거야."

　부자들은 종종 "운이 좋았어."라든지 "그때는 운 좋게 어려운 상황을 헤쳐 나갔지만 지금은 분명 못할 거야."라는 말을 한다. 운이나 재수에 과하게 얽매이는 사람도 많다. 그리고 인생이나 성공은 '운'에 좌우된다고 생각하기 때문에 기부라는 형태로 운이 없는 사람을 돕고 싶어 한다.

부자들이 기부를 즐겨 하는 이유는 또 있다. 기부를 하면 자신의 일에 의욕이 상승하는, 동기 부여 효과를 얻을 수 있기 때문이다. IT 관련 회사를 여럿 운영하는 젊은 사장은 "기부를 하면서 내 일에 보람을 느낍니다."라고 이야기했다.

"사업은 '돈을 벌기 위해' 하는 거예요. 많은 사장이 '세상 사람들을 위해 사업을 한다'며 그럴싸한 말을 늘어놓지만, 결국에는 돈을 벌고 싶어서 혹은 자신을 위해 회사를 세우는 경우가 대부분이지요. 하지만 기부를 하면 내 돈이 다른 누군가에게 도움이 된다는 기분을 직접적으로 느낄 수 있어요. 일의 정당성을 부여받는 것이지요. 결국 나를 위해 기부를 하고 있습니다."

많은 부자가 기부를 함으로써 자신의 일에 보람을 느낀다고 했다. 그러한 긍지가 동기 부여를 해 한층 의욕적으로 일에 전념할 수 있도록 만든다. 그러면 또 그만큼 수입이 늘어나는 선순환이 발생한다. 젊은 사장은 이런 기부의 긍정적 효과를 가슴 깊이 깨닫고 있었다.

열심히 돈을 버는 사람에게는 '탐욕'이나 '욕심'과 같은 부정적 이미지가 따르게 마련이다. 예를 들어 "취미가 무엇입니까?"라는 질문에 "돈 버는 일이요."라고 대답하면 인색하고 욕심 많게 느껴진다. 하지만 "개발 도상국 아이들을 위해 소아마비 백신을 제공하는 단체에 수입의 10퍼센트를 기부하고 있습니다. 제 취미는 열심히 벌어서 열심히 기부하는 일이지요."라고 대답하면 상대방도 호감을 느끼고 돈 버는 일에 죄책감도 들지 않는다.

부자들 중에는 자신이 기부한 돈을 어디에 사용하는지 명확하게 알고 싶어 특정 시설에만 돈을 보내는 사람도 있다. 우리 고객 중 한 명은 매년 크리스마스가 되면 자신이 번 돈의 10퍼센트를 지인이 경영하는 아동 양육 시설에 기부해 도쿄 디즈니랜드로 소풍을 보내준다. 그곳에서 쓴 돈을 제외한 나머지 돈으로 선물을 사기도 하고, 그래도 돈이 남으면 시설의 운영 자금으로 준다. 내가 "정말 근사한 선물을 하셨군요"라고 말하자 그는 "타이거 마스크(프로레슬러를 소재로 한 일본 만화-옮긴이)가 되어보고 싶었네"라며 쑥스럽게 웃음지었다. 만화 속 타이거 마스크는 고아원에 기부를 하는데,

그는 "타이거 마스크를 동경해 언젠가는 나도 그렇게 해보고 싶다는 생각이 들었네. 그리고 실제로 해봤더니 열심히 일해서 번 돈이 아주 숭고한 것이라고 느끼게 되었어."라고 말했다.

사실 보통 사람들이 부자들처럼 수입의 10퍼센트를 기부하기란 버거울 수도 있다. 하지만 무리가 되지 않는 선에서 기부를 해보면 돈을 버는 일에 대한 의욕이 한층 상승할 것이다. 매달 정기적으로 일정 금액이 빠져나가도록 하는 모금 시스템도 있다. '국경 없는 의사회'에서는 "매달 3만 원으로 120명 아이들의 홍역 예방 접종을 도와주세요."라고 구체적인 금액을 제시해 모금을 장려한다. 우리도 부자들처럼 기부를 통해 자신의 일에 보람을 느껴보는 건 어떨까?

24

원가를 계산해
물건의 진가를 따진다

평소에 물건을 사거나 음식점을 이용하면서 '원가'를 신경 쓰는 사람이 몇이나 될까? 하지만 부자들은 돈을 쓸 때마다 상품이나 서비스의 원가를 철저하게 계산한다. 물건을 구입하는 수고까지 계산한 뒤 분명하게 납득하고 나서야 돈을 지불하는 것이 부자의 소비 스타일이다. 종종 '있는 사람이 더 인색하다'고 부자들을 향해 야유를 보내는 사람이 있지만, 여기서 말하는 부자의 소비 패턴은 인색함이라 말하기 어렵다. 부자들은 공통적으로 가격을 꼼꼼하게 따지는 소비 의식이 철저하고, 돈을 지불하기 전에 오랜 시간 생각하는 습관이 있다.

우리 집사 서비스를 이용하는 고객들도 모두 원가에 대해 관심이 높다. 서비스 견적서를 보고 잠시 생각을 한 다음 "당신은 이만한 비용을 받아 고용한 집사들에게 얼마의 급여를 주나요?"라고 물어보는 사람이 많다. 그러면 나는 "죄송하지만 그 부분은 말씀드리기 어렵습니다."라고 대답하는데, 고객은 "대략 비용의 몇 퍼센트가 되겠군." 하고 구체적인 숫자를 말한다. 그런데 놀라운 건 그 숫자가 거의 정확하다는 점이다. 비용을 보고 원가와 회사의 이익, 기타 영업 경비, 고용 보험 및 노무 관련 비용을 머릿속으로 계산하는 것이다. 그런 다음 우리 서비스를 이용하는 게 비용 면에서 이득이라는 판단을 내린 그들은 비로소 가격 협상을 시도한다.

부자들은 직접 사업을 운영하고 인재를 고용하기 때문에 인건비 외에 들어가는 다양한 부대 비용도 아주 잘 알고 있다. 또한 가격을 납득한 후에야 지갑을 열기 때문에 다소 물어보기 거북한 사항이라도 단도직입적으로 질문을 한다. "나는 1억 5000만 원의 가치라고 생각하는데 실제로는 1억 9800만 원에 팔리고 있네. 왜 4800만 원의 차이가 발생했을까? 자네가 생각하기에 어떻게 하면 이 차액을 메울 수 있겠는가?" 하는 식으로 가격의 이면에 숨어 있는 사정까지 신경을 쓴다. 더불어 '이 제품의 원가는 1000만 원 정도일 텐데 왜 1억 9800만 원에 팔리고 있는 걸까? 내가 하는 사업에 어떻게 도입할 수 있을까?'라는 생각도 한다.

원가를 안다는 건 가격의 이면에 숨어 있는 '사정'을 안다는 뜻이다. 부자들이 고가의 빈티지 와인을 선호하는 이유도 평범한 와인과 비교해 원가율이 높기 때문이다. 즉, 판매한 가게는 수익이 적다. 반대로 보통 사람들을 대상으로 한 상품의 원가율은 부자를 대상으로 한 상품에 비해 낮은 편이다. 유명한 빈티지 와인일수록 거래 시가가 널리 알려져 있고, 이익을 중시한 가격으로 메뉴에 올리면 부자들이 바로 꿰뚫어보기 때문이다. 자칫 가게의 신용에 흠이 될 수 있으므로 극단적인 마진을 붙이지 못한다. 부유층 타깃의 상품은 가격이 원래 높기도 하지만, '부자는 속일 수 없다'는 생각 때문에 다소 정직한 가격을 붙일 수밖에 없다.

한편 엄청난 고가의 상품이라도 그 상품에 수고와 시간이 충분히 들어갔다면 부자들은 흔쾌히 구입을 결정한다. 한 잔에 5만 원이나 하는 커피라도 매우 희귀한 콩을 사용했거나 수고와 정성을 들여 로스팅한 뒤 일류 바리스타가 전용 기구를 사용해 한 잔씩 내렸다면 기꺼이 돈을 지불한다. 설령 원가는 별로 들지 않았더라도 수고나 기술, 시간과 서비스에서 가치를 찾을 수 있다면 흔쾌히 지갑을 여는 것이다. 특히 음식점을 이용할 때는 원래 음식 장사가 원가율이 낮다는 사실을 잘 알기 때문에 위치가 매력적이거나 접객 태도가 훌륭하다거나 초대한 손님의 취향에 맞는지를 가치로 여긴다.

부자들처럼 원가와 차액에 신경을 쓰고 어떤 가치에 돈을 지불할 것인지 의식한다면 우리도 '괜한 일에 돈을 썼다'고 후회하는 일이 점점 줄어들지 않을까?

25

9900원이라는
숫자놀음에 속지 않는다

돈을 사용하는 방법이나 가치를 냉정하게 따지는 부자들은 판매자들이 가격을 설정할 때 자주 하는 이른바 '숫자놀음'에 절대로 속지 않는다.

예를 들어 10억 원 정도의 예산으로 집을 구입한다고 가정해보자. 지금 당장이라도 집을 사고 싶은 지역에 마침 마음에 쏙 드는 집이 10억 10만 원에 나와 있다. 하지만 내일이 되면 10만 원이 빠져 10억 원이 된다고 한다. 대부분의 사람은 '10억 10만 원이나 10억 원이나 별 차이가 없군'이라고 생각하며 지금 당장 사고 싶은 감정에 휩쓸려 구매를 결정한다.

그에 반해 다음의 예를 생각해보자. 아주 맛있기로 소문난 위스키가 한 잔에 10만 원으로 팔리고 있다. 그런데 가게에서 '내일은 특별 서비스로 위스키 한 잔을 무료로 드립니다'라고 하면, 대부분의 사람이 주저하지 않고 내일까지 기다리지 않을까?

사실 집을 살 때의 10만 원과 위스키의 10만 원은 동일한 값이다. 그런데 전자의 경우는 10만 원이 별것 아니라고 생각된다. 즉, 10억 원이라는 금액에 의식이 집중되어 10만 원의 가치를 냉정하게 판단하지 못하는 것이다. 판매자는 이러한 사람의 맹점을 간파하고는 교묘하게 가격을 설정한다. 여러 가지 상품에 9만 9900원, 9900원, 980원이라는 가격을 붙여 팔지만, 이는 실제로 10만 원, 1만 원, 1000원과 차이가 없다. 하지만 소비자는 판매자의 숫자놀음에 넘어가 왠지 싸게 산다는 느낌으로 무심코 지갑을 연다.

부자들은 판매자의 숫자놀음에 절대로 현혹되지 않는다. 그들의 금전 감각은 절대적이다. 즉, 10만 원은 어디까지나 10만 원이다. 오히려 '9900원이라는 어중간한 가격을 붙였다는 것은 아직 가격

을 더 내릴 여유가 있다는 거야. 원가는 얼마나 되지?' 하고
냉정하게 판매자 측의 손익을 따진다.

　수입 잡화점을 여러 군데 운영하는 오너에게 들은 이
야기인데, 3980원이나 2만 9900원이라는 가격 책정은 '단
수가격'이라는 마케팅 기법이라고 한다. 실제로 그는 "가격
이 2만 5000원인 상품을 2만 2000원으로 할인해 내놓았는
데 거의 팔리지 않더군. 그런데 2만 9800원이라고 가격을
올리자 갑자기 팔리기 시작했어."라며 상식적이지 않은 이
야기를 들려주었다. 2만 2000원이라는 가격을 붙이면 고객
들이 '사실은 2만 원에 팔리는 상품인데 2000원을 붙여 파
는 건 아닐까?'라고 생각한다는 것이다. 하지만 2만 9800원
을 붙이면 '사실은 3만 2000원 정도 하는 상품인데 최대한
낮춰서 2만 원대로 책정한 게 아닐까?'와 같이 호의적인 생
각을 한다고 한다.

　부자들은 대개 절대적인 금전 감각의 소유자이기 때문
에 '오늘만 80퍼센트 할인'이라는 영업 멘트에 넘어가는 법
도 없다. 일반적으로 우리는 '지금 사지 않으면 손해'라는
생각에 자칫 쓸데없이 많이 사거나 필요 없는 물건까지 사

곤하지만 부자들은 그런 어리석은 소비를 하지 않는다.

부자들은 '돈 전문가'이다. 작은 물건을 살 때에도 그 가격이 설정된 근거나 원가율을 생각해 진정한 가치를 따지고, 자신에게 필요한지를 꼼꼼하게 검토한다. 그렇다고 해서 부자가 반드시 처음부터 숫자에 강했던 것은 아니다. "학창 시절에는 수학을 잘 못했지."라고 말하는 사람도 제법 있었다. 처음에는 그랬을지라도 사업이나 투자를 하면서 '어떻게 하면 더 많은 이익을 낼 수 있을까?', '어떻게 자산을 운용해야 더 효율적일까?'와 같이 항상 돈에 관련한 생각을 떠올렸고, 자연히 돈을 바라보고 계산하는 능력이 향상되었다고 한다.

우리도 물건을 살 때 '이 상품은 어째서 이러한 가격으로 팔리는 걸까?', '이 가격을 붙인 의도는 무엇일까?'라는 고민을 하고 판매자의 심리를 파악해보면, 그동안 보이지 않았던 가게의 속내를 알게 될 것이다. 적어도 돈을 쓰기 전에는 냉정해질 필요가 있다. 사탕발림 영업 멘트에 넘어가거나 숫자놀음에 속아 넘어가 무심코 돈을 쓰고는 후회하는 악순환에서 벗어나야 한다. 그러면 돈을 사용하는 방법이 크게 변하고, 불필요한 소비도 점점 줄어들 것이다.

26

벌기보다 쓰기가
더 어렵다는 사실을 안다

부자들은 종종 "돈은 벌기보다 쓰기가 더 어려운 법이야."라는 말을 한다. 그 말을 들은 보통 사람들은 '자산이 너무 많아 다 쓸 수 없기 때문 아닐까?'라고 생각한다. 하지만 여기서 '돈 쓰기가 어렵다'는 말은 '낭비를 하기는 쉽지만 돈을 의미 있게 쓰기는 아주 어렵다'는 뜻이다. 이 말인즉슨, 부자들은 돈을 의미 있게 써왔기 때문에 그토록 많은 돈을 모았다는 뜻이기도 하다.

앞서 소개했듯이 부자들은 한 잔에 1000만 원이나 하는 고가의 와인을 흔쾌히 구입한다. 이때 무엇이든 고급이 좋다며 혼자 그 와인을 마시면 낭비가 된다. 하지만 부자는 한 잔에 1000만 원 하는 와인을 중요한 파티에 내놓음으로써 손님들에게 강렬한 인상을 남기고 인맥을 쌓는다. 이로 인해 사업을 크게 발전시키거나 더 많은 상류층 사람들과 만남을 가진다. 그렇게 따져보면 한 잔에 1000만 원 하는 와인은 결코 낭비가 아니다. 바로 이것이 부자가 '돈을 의미 있게 사용하는 방법'이다. 물론 고가의 물건을 살 때에만 돈의 의미와 가치를 따지지는 않는다. 고작 몇 천 원짜리 물건을 살 때도 아주 깊이 생각한 후 지갑을 연다. 즉, 부자들은 "별 생각 없이 샀어."라는 말을 하지 않고, 후회하는 쇼핑이나 목적 없는 구매도 하지 않는다.

우리 고객 중 한 명인 외국인 부자는 일본을 방문할 때마다 꼭 일용 잡화 체인점에 들러 명함지갑을 여러 개 구입한다. 그 명함지갑은 표면이 재래식 일본 종이로 되어 있어 일본만의 정서가 물씬 느껴지는데, 사실 일본인에게는 무척 평범한 상품에 지나지 않고 가격도 8000원 정도로 저렴하다. 하지만 그는 명함지갑을 마음에 들어 해 자신도 쓰고 작은 선물로도 활용한다. 명함지갑은 비즈니스 상황에서 반드시 꺼내는 물건이기 때문에 상대방의 눈에 띌 기회가 많다. 외국에서 일본 분위기가 풍기는 명함지갑을 꺼내면 "그게 뭡니까?"라는 질문을 많이 받는다고 한다. 그때 자신은 일본을 좋아해 자주 간다거나 이 명함지갑을 일본에서 직접 구입했는데 아주 마음에 든다는 이야기를 하면 분위기가 좋아진다고 했다. 그러고는 "여분이 있는데 괜찮으시면 하나 드릴까요?" 하고 아직 사용하지 않은 새 명함지갑을 그 자리에서 선물한다.

사실 부자들이 친하게 지내는 상류층 사람에게는 수십만 원짜리 명품 명함지갑도 특별한 물건이 아니다. 하지만 불과 몇 천 원짜리 명함지갑이라도 거기에 얽힌 일화나 신기함이 더해지면 아주 귀중한 물건이 된다. 비싸지 않은 명함지갑 한 개가 대화의 계기가 될 뿐만 아니라, 상대방에게 기쁨과 강한 인상을 남길 수 있는 선물도 되기 때문에 돈을 의미 있게 사용했다고 말할 만하다.

음식을 먹을 때에도 부자들은 돈을 의미 있게 쓴다. 분명 거액의 돈을 가진 부자라면 예쁜 여성들이 많이 나오는 가게에서 화려하게 논다고 생각하겠지만, 나는 지금껏 자수성가한 부자들 중에 그런 사람을 단 한 명도 본 적이 없다. 물론 가끔은 접대를 위해 화려한 술집에 방문하는 경우도 있다. 그때는 일행과 비즈니스에 관한 이야기를 나누거나 서로 관계를 돈독히 한다는 의미를 부여한다.

돈을 의미 있게 사용한다는 점에서 부자들의 식기 선택도 눈여겨보아야 한다. 부자들은 한 점에 수백만 원이나 하는 와인 잔을 사 손님들에게 내놓을 뿐 아니라, 평소 집에서 가족과 식사를 할 때에도 한 점에 50만 원이 넘는 접시를 사용한다. 물론 기분이 좋아진다는 이유도 있지만, '식기를 정성스럽게 다룸으로써 자연스럽게 행동도 우아해진다'는 의식도 숨어 있다. 움직임이 품위 있어지면 마음도 덩달아 차분해지게 마련이다. 물건이 동작을 바꾸고 나아가 마음까지 바꾼다는 사실을 알기에 일상에서도 식기 구입에 돈을 아끼지 않는다.

그런 부자들의 생각은 자동차를 살 때에도 이어진다. 많은 부자가 자식이 면허를 따면 자동차를 사주는데, 대개는 초보 운전자가 몰기에 과분한 자동차를 선택한다. 물론 가진 것을 자랑하기 위함은 아니다. 값비싼 자동차를 몰면

운전도 조심스러워져 안전하게 다닐 수 있다는 생각에서이
다. 보통 사람이라면 '초보일 땐 어차피 부딪히고 긁힐 테
니까 값싼 자동차라도 상관없어'라고 생각하지만, 부자들
은 전혀 다른 생각을 한다.

　물론 우리가 부자들의 소비를 똑같이 따라 할 수는 없
다. 하지만 그들처럼 단돈 1000원이라도 의미 있게 쓰려고
노력한다면, 더 가치 있는 소비 활동을 할 수 있지 않을까?

제3장

집사가 남몰래 기록한

부자의
인간관계

27

사람을 사귈 땐
손익을 계산하지 않는다

부자들 중에는 사업을 하는 경영자가 많다. 그래서일까 종종 사람을 사귈 때에도 비즈니스처럼 손익을 따질 거라 오해받는다. 하지만 내가 곁에서 직접 바라본 부자들은 자산의 규모나 손익을 계산해 누구와 친하게 지낼지 말지를 결정하지 않는다.

이전에 한 회사 임원이 우리 고객에게 매력적인 투자를 제안해온 적이 있었다. 투자처는 나름대로 우량 기업이었고 투자 내용도 확실해 딱히 문제가 생길 거라 생각하지 않았다. 그런데 투자처와 면담을 마친 고객은 "이제 저 사람과 다시는 연락하고 싶지 않네."라며 딱 잘라 말했다. 내가 보기에 친하게 지내면 반드시 이득을 가져다줄 상대였기 때문에 무척 당황스러웠다. "왜 그러십니까? 원하는 제안을 듣지 못하셨습니까?"라고 묻자 그는 이렇게 대답했다.

"영 마음이 안 맞아. 설령 그가 나에게 최고의 투자를 제안한다고 해도 만나는 시간이 아깝다는 생각이 들어서 싫네."

그를 보며 부자들은 손익이 아니라, 그저 '좋고 싫음'을 기준으로 인간관계를 맺는다는 사실을 깨달았다. 누구와 교제할지를 단지 좋고 싫음으로 결정한다니 조금은 어린애같아 보일 수도 있겠다. 하지만 부자의 말에는 그 나름의 깊은 뜻이 숨어 있었다. 투자 제안을 거절한 고객은 그 이유를 이렇게 설명했다.

"오랜 시간 함께 일하다보면 생각대로 일이 흘러가지 않는 때가 분명 오지. 그때 과연 '내가 저 사람을 용서할 수 있을까?'라는 점은 중요한 판단 기준이 된다네. 손익을 계산하여 만난 상대라면 실제로 손해가 발생했을 때 그 사람을 용서하기가 어렵지 않겠나."

당장의 손익이 아니라 좋고 싫음을 교제의 기준으로 삼으면 인간관계도 오래 유지할 수 있다는 의미였다. 그래서 부자들은 처음 누군가를 만나 이야기를 할 때에도 드러내놓고 손익을 계산하는 법이 없다.

과거에 우연히 알게 된 투자운용회사 직원이 "부유층을 대상으로 한 투자 상품이 있는데 귀사의 서비스와 제휴하고 싶습니다."라고 문의를 해온 적이 있었다. 나는 흔쾌히 동의하여 그 회사를 방문했는데, 따로 약속도 잡지 않은 회사의 사장이 나오더니 "한잔 하러 갑시다."라며 나를 술자리로 이끌었다. 아직 해도 떨어지기 전이었지만 우리는 근처 술집에 앉아 잔을 기울이며 세상 돌아가는 이야기를 나누었다. 그런데 재미있는 건 술을 마신 두 시간 동안 일에 관한 이야기는 전혀 하지 않았다는 사실이다. 게다가 나중에는 그가 자신의 집에까지 초대해 취미로 수집하는 물건을 보여주고 식사도 대접해주었는데, 그때도 역시나 일과 관련한 이야기는 일절 입에 올리지 않았다. 이런 교류가 지속되자 우리는 마음을 터놓는 사이가 되었고, 나도 '이런 분이라면 함께 일을 해도 좋겠다'는 생각이 들었다. 만약 그가 처음부터 일 이야기를 꺼냈다면 그런 마음이 들지 않았을 것이다. 이 회사의 사장을 보며 부자들은 비즈니스를 할 때에도 먼저 좋고 싫음을 기준으로 상대방을 판단해 친구 같은 관계를 만들고, 이후에 일 이야기를 꺼낸다는 사실을 알게 되었다.

부자들이 누군가와 관계를 맺을 때 좋고 싫음을 중요하게 여기는 이유는 또 있다. 손익으로 엮인 사람들은 내가 재산을 잃거나 어려운 상황에 처했을 때 바로 뒤돌아서기 때문이다. 하지만 진실로 마음이 맞는 사람이라면 재산의 증감과 상관없이 관계를 유지하고 도움을 받을 수 있다. 즉, 부자는 좋고 싫음이라는 기준을 통해 만일의 경우에도 사라지지 않는 관계를 만든다.

28

관계가 의심되면
무리한 부탁을 해본다

사실 부자들은 인맥이 그리 넓지 않은 편이다. 기념 파티처럼 사람이 많이 모이는 곳에서 명함을 받으면, 일단 훑어보기는 해도 두 번 다시 들추어보지 않는다. 보통 사람들은 부자가 아주 넓은 인맥을 자랑할 거라고 생각하는데, 실제 우리 고객들만 보아도 평소에 사적으로 어울리는 사람은 20명 정도로 한정되어 있다.

그렇다면 부자와 긴밀하게 어울리는 20명이란 대체 누구일까? 바로 자신이 어려운 상황에 처했을 때 '무리한 부탁을 할 수 있는 사람'이다. 그러한 조건을 갖춘 사람과만 지속적으로 깊은 관계를 유지한다. 물론 대신에 상대방도 자신에게 무리한 부탁을 했을 때 선뜻 들어줄 마음이 드는 사람이어야 한다.

게다가 부자들은 애당초 '인맥'이라는 표현도 잘 쓰지 않는다. '친구'라고 칭하거나 '가족'이라는 말로 대신한다. 일로써 인연을 맺은 사람이라도 '비즈니스 파트너'라고 부르지 않고, "그 사람은 우리 가족과 다름없지."라고 말한다. 즉, 진정한 인맥이라고 생각하면 비즈니스 관계일지라도 소중한 친구나 가족을 대하듯 사귄다. 또 '잡담'까지도 나눌 수 있는 사람이어야 진짜 친밀하다고 여긴다.

부자들의 저택에 가보면 종종 약속을 하지 않은 손님이 찾아온다. 물론 '가족'이라 여기는 사람은 갑작스럽게 찾아와도 흔쾌히 맞아준다. 모두 "별일은 없고 근처에 온 김에 잠깐 들렀어."라며 찾아와 일에 관한 이야기는 전혀 하지 않고 시시콜콜한 세상 이야기나 나누고 돌아간다. 그런데 그런 사람들이야말로 부자가 어려운 상황에 처했을 때 배신하거나 외면하지 않고 진심으로 도움을 준다.

부자들은 정말 도움이 필요할 때 상대방에게 부담을 주는 부탁이라도 주저 없이 한다는 공통점이 있다. 특히 내가 만난 부자들은 지인에게 '회사를 맡아달라는 부탁'을 많이 했다. "나는 이제 나이가 들어 은퇴할 생각이네. 회사를 매각하려고 하는데 이상한 사람에게 맡겼다가는 다시 팔아버리거나 직원들을 해고할까 봐 걱정이야. 그래서 말인데 자네가 좀 맡아주면 어떻겠는가? 다만 경영 방침은 그대로 유지해주었으면 하네."라는 엄청난 부탁을 아무렇지도 않게 하곤 했다.

우리도 부자들처럼, 필사적으로 명함을 돌리고 영업을 하지 않아도 무리한 부탁을 들어줄 '가족 같은 친구'가 20명 정도 있다면 개인적으로나 사업에서나 분명 큰 도움을 받을 수 있지 않을까?

29

한 단계 수준 높은
사람을 만난다

요즘 직원들은 직장 상사가 회식을 제안해도 '내키지 않으면' 거절한다. 만약 사장이 술자리를 제안했다면 대부분의 직원은 이보다 더 주눅이 들어 최대한 자리를 피하려고 할 것이다. 직장에서의 인간관계를 살펴보면 사원은 사원끼리, 관리자급은 관리자급끼리 친하다. 자신과 공통점이 많고 동일한 위치의 사람들과 비슷하게 행동하고 싶어서이다. 물론 끼리끼리 어울리면 말도 잘 통하고 마음 편히 회사에 대한 불만도 이야기할 수 있다는 장점이 있다. 하지만 부자들은 큰돈을 모으기 이전부터 '자신보다 한 단계 수준 높은 사람'과 만나기 위해 적극적으로 노력했다고 입을 모은다. 여기서 한 단계 수준 높은 사람이란 평사원에게는 과장이나 부장, 과장에게는 부장이나 임원을 가리킨다. 부자의 시선은 항상 '위'를 향하기 때문에 일에서든 일상생활에서든 높이 올라가려는 마음을 잃지 않는다. 젊은 시절부터 상류층 사람들과 어울리면서 자신도 그렇게 될 수 있다는 희망을 가슴속 깊이 품어 왔다고 했다.

우리 고객 중에는 젊은 시절에 창업을 하여 부자가 된 사람이 있는데, 그는 성공을 거두기 전부터 상장 기업 사장들이 모이는 친목 모임에 일부러 참석했다고 한다.

"큰 부자나 사업가들과 만나는 파티에 참석해 사람들을 많이 사귀었어. 또 거기에서 알게 된 사람들이 더 좋은 모임에 데려가주는 일도 많았네."

아무리 참신한 아이디어가 있다고 해도 자금과 인맥이 없으면 큰돈을 벌기 어렵다. 진짜로 부자가 되기 위해서는 자신보다 더 높은 사람들이 나를 끌어줘야

할 때가 반드시 온다. 이 고객 역시 호시탐탐 조력자를 찾아 만났고, 그들의 도움을 받아 성공을 향한 계단에 발을 올렸다. 물론 한 단계 수준 높은 사람을 만나는 일은 쉽지 않다. 그들에 비해 자신의 지위가 낮기 때문에 '내가 여기에 있어도 될까?', '이 자리에 잘못 온 건 아닐까?' 하고 기가 죽기 십상이다. 하지만 그 마음을 극복하느냐 마느냐가 내가 가질 부의 규모를 결정한다.

또 부자가 된 사람들은 애당초 자신을 높게 평가하고 어떤 일에 겁을 먹는 경우가 거의 없다. 과거에 소규모 벤처 기업 창업가나 일반 회사원이었던 부자들은 젊은 시절부터 '나는 더 높이 올라갈 사람이야. 이 자리에 머물 인재가 아니지'라는 생각을 했다고 한다. 평범한 사람이 그런 소리를 하고 다니면 '멋진 착각'이라고 비웃음을 사겠지만, 오히려 그런 착각이 그들을 부자로 만든 가장 큰 힘이 아닐까 싶다.

오랜 시간 부자를 모셔온 한 수행원은 내게 "사장님은 예전부터 그런 분이었습니다."라는 말을 한 적이 있다. 그 사장은 부자가 되기 전부터 '부티가 흐르는 사람'이었다.

그런 덕분에 자연스럽게 수준 높은 사람들 속에 녹아들었는지도 모른다. 하지만 수행원은 "사장님은 더 높은 수준의 사람들과 어울리기 위해 자신을 변화시켰고 진짜 부자가 되셨습니다."라는 말을 덧붙이며 그의 노력을 인정했다. 예를 들어 파티에 참석할 때에는 고급 옷을 입고 잘 손질된 가죽 구두를 신었다. 물론 그땐 돈이 많지 않아 명품을 사입지는 못하고 조금 비싼 옷을 잘 관리해 입었다고 한다. 그밖에도 상류층 사람들이 자주 이용하는 가게에 가 그들의 행동을 관찰하고 말투나 대화의 소재까지 따라 했다고 한다. 그는 한 단계 높은 수준의 사람들을 '롤 모델'로 삼아 조금이라도 부자에 가까이 다가가려고 노력했다. 그 결과 정말로 부자가 되었다.

우리도 나와 비슷한 사람과만 어울리기보다는, 의식적으로 한 단계 수준 높은 사람과 만남을 가져보면 어떨까? 분명 부자가 될 가능성을 훨씬 더 높일 수 있을 것이다.

30

대접받기보다는
대접하기를 즐긴다

음식의 종류가 무엇이든 간에 조금이라도 남에게 대접을 받으면 왠지 '얻어먹었다'는 마음이 생기게 마련이다. 이는 부자라고 해도 마찬가지이다. 대접해도 괜찮겠냐는 제안을 받으면 부담스럽고 거절하기도 어렵다. 그래서 부자들도 대접받기를 썩 좋아하지 않는다.

반대로 자신이 대접하는 입장이 되면 기꺼이 사람들을 초대해 크게 한턱 쏜다. 식사를 대접함으로써 여러 사람에게 자신을 각인시키고, "앞으로 잘 부탁드립니다."라고 말할 수 있기 때문이다. 대접은 비즈니스의 기회로 직결된다고 말하는데, 실제로 사람은 자신을 대접해준 사람에게 좋

은 인상과 고마움을 느낀다. 더불어 같은 공간 속에서 같은
음식을 먹으며 어디 출신인지, 취향이 어떤지와 같은 사적
인 정보를 나누면 비즈니스로 맺어진 관계라도 단숨에 거
리가 가까워진다.

부자들은 최대한 많은 사람이 자신을 좋은 이미지로
기억하도록 만들기 위해 투자를 아끼지 않는다. 남들이 나
를 좋은 시선으로 바라볼 때 정신적으로나 금전적으로 풍
요로워진다는 사실을 경험했기 때문이다. 한 부자는 "남
에게 무언가를 대접하는 일은 부를 쌓기 위해 씨
를 뿌리는 것과 다름없네."라고 말했다. 보통 사람들
과 달리 부자들 곁에는 어려울 때 무보수로 사업을 도와주
거나 무료로 비즈니스를 홍보해주는 사람이 많은데, 이들
은 모두 평소에 부자에게 식사를 대접받고 함께 어울려 놀
았던 사람이다. 부자의 주변에 조력자가 많다는 것은 바로
그들이 대접하기를 즐긴다는 증거이다.

부자들은 식사자리를 제안받으면, 간혹 "오늘은 각자
계산하지요."라는 말을 한다. 그러고는 코스요리와 별도로

반드시 일품요리도 한 접시 추가로 주문한다. "제가 꼭 먹어보고 싶었던 메뉴입니다. 괜찮으시면 함께 드시지요." 하고 말한 뒤 나누어 먹기 위해서이다. 식사가 끝나면 "오늘은 요리를 따로 주문했으니 제가 계산을 하겠습니다."라고 말하고는 자연스럽게 계산서를 집어 든다. 그때 만약 상대방이 "아닙니다. 오늘은 각자 내기로 하지 않았습니까." 하고 양보를 하지 않으면, 부자는 "그럼 이 일품요리는 제가 계산하겠습니다."라고 대답한다. 처음의 계획과는 다르지만 식사의 절반 값은 본인이 부담한 셈이 된다.

부자들은 좀처럼 대접받기를 싫어하지만, 워낙 초대되는 일이 많아 모두 거절하지는 못한다. 그럴 때에도 부자들은 나름의 노하우로 유리한 입장에 선다. 예를 들어 초대받은 파티에서 나오는 요리가 50만 원이라면, 그 금액 이상인 60~70만 원 상당의 선물을 들고 간다. 본의 아니게 상대방으로부터 대접을 받으면 "다음에는 꼭 제가 한번 대접하겠습니다."라고 말하며 반드시 기회를 만든다. 그때는 물론 자신이 대접받은 음식보다 더 비싼 식사를 선택한다.

이전에 나는 처음 만난 고객으로부터 "자주 가는 가게가 있는데 지금 시간 괜찮으신가요?"라는 말로 식사 초대를 받은 적이 있다. 얼마나 고급스러운 가게로 들어갈까 내심 긴장하며 따라갔는데, 어디에서나 흔히 볼 수 있는 술집이었다. 일인당 3만 원 정도 식사값이 나왔는데 내가 지갑을 꺼내자마자 그는 "아닙니다. 제가 초대했으니 제가 내는 게 맞습니다."라며 완강히 나를 말렸다. 그 뒤로도 고객은 계속 식사자리에 초대해주었고, 나는 그의 됨됨이에 완전히 매료되었다.

사람의 마음은 '액수'로 얻을 수 있는 게 아니다. 진심으로 대접하는 마음, 그것이 바로 부자가 사람을 끌어들이는 접대 노하우이다.

31

오는 사람 막지 않고,
가는 사람 붙잡는다

앞서 부자들은 의외로 친하게 지내는 사람이 많지 않다고 말했다. 정말로 깊은 관계를 맺고 있는 사람은 20명 정도로 한정되어 있다. 그렇다고 해서 부자들이 사람과의 만남을 싫어한다는 의미는 아니다. 언제나 관계의 문은 열려 있고, 매일 수많은 사람을 만나 인연을 맺는다.

왠지 부자들은 '오는 사람은 막지 않고 가는 사람은 붙잡지 않는다'는 철두철미한 인간관계의 원칙을 가지고 있을 거라 생각된다. 하지만 특이하게도 그들은 가는 사람을 '붙잡는' 스타일이다. 공통적으로 자신의 곁을 떠나는 사람에게 더욱 정성을 들인다. 내가 아는 부자 중 한 명은 무척이나 신뢰하던 증권회사의 영업사원이 자리를 옮기자 "만난 지 오래되었는데 얼굴 한 번 보자."며 연락해서는 지속적으로 관계를 이어가고 있다.

이런 자세는 회사의 직원을 대할 때도 동일하다. 사업을 하는 부자들은 직원이 회사를 그만두고 1년 정도 지났을 무렵에 전화나 메일로 "요즘 어떻게 살고 있나?", "새로운 직장은 다닐 만한가?"라는 말로 근황을 묻는다. 나는 그 점이 도무지 이해가 되지 않았다. 일반적으로 직원이 회사를 그만두면 사장은 기분이 썩 좋지 않은 법이다. 배신감을 느끼거나 심지어는 직원을 원망하기도 한다. 하물며 그만둔 사람을 1년이 지나도록 마음에 담아두는 사장은 더더욱 없다. 그런 내 의문에 부자는 이런 답을 들려주었다.

"나는 큰 부자가 되었지만 내 재산 모두를 나 혼자 일군 거라고 생각하지 않네. 직원들이 열심히 일했기 때문에 지금의 지위에 오를 수 있었지. 그래서 회사를 그만둔 직원도 똑같이 소중한 게야."

단순히 입으로 내뱉은 말이 아니라 진심에서 우러난

말이었다. 실제로 그는 자신의 회사를 그만둔 직원들에게 일일이 시간을 내어 전화를 걸었다. 전화를 받은 직원이 "잘 지내고 있습니다."라고 말하면 "정말 다행이야. 가끔 얼굴이라도 비추게."라고 대답하고, "요즘 좀 일이 있습니다." 하고 기운 없는 말을 하면 매우 기뻐하며 "그럼 당장 회사로 돌아오게."라고 대답했다. 부자들은 대개 본심을 솔직하게 표현하는데, "힘들면 언제든지 돌아오게."라는 말 역시 그의 진심이었을 것이다. 그래서일까 실제로 사장의 전화를 받고 되돌아온 직원을 여럿 보았다.

다시 돌아온 직원은 이전보다 더 열심히 일해 사장의 은혜에 보답한다. 그만둔 자신을 다시 고용해준 사장에게 고마움을 느껴 충성심이 더 강해지기 때문이다. 그는 나에게도 "돈을 들여서 구인 광고를 내고 낯선 사람을 고용해 다시 교육시키는 것보다, 우리 회사에서 일한 적이 있는 사람을 한 번 더 고용하는 편이 훨씬 효율적이지 않겠나?"라고 조언했다.

부자들은 설령 그만둔 직원일지라도 자신의 회사에서 일해준 사실을 평생 고마워한다. 그렇게 사람과의 인연을 쉽게 끊지 않기 때문에 직원이 회사에 다시 돌아오지 않아도 새로운 사업 파트너로 발전하는 일도 생긴다. 즉, 부자들은 사람과의 인연이 주는 가치를 멀리 내다본다.

32

사람을 많이 만날수록
돈이 따라붙는다

부자들을 바로 곁에서 지켜보면 정말로 많은 사람을 만난다는 사실에 깜짝 놀랄 때가 많다. 명함 발주 빈도로만 보더라도 한 달에 족히 100명 이상의 사람을 만난다. 물론 영업이나 서비스직에 종사하는 직장인들도 부자만큼이나 많은 사람을 만난다. 하지만 일반 사람과 달리 부자들은 업무를 제외하고 '사적으로 완전히 새로운 사람'을 한 달에 100명 이상 만난다.

부자들은 대개 회사 명함과는 별도로 개인용 명함을 제작해 가지고 다닌다. 개인용 명함에는 회사 이름이나 직함이 없고, 이름과 메일 주소, 전화번호 등 최소한의 연락처만 간략하게 적혀 있다. 우리 집사들은 주로 부자의 개인용 명함을 관리하는데, 실제로 한 달에 100장 이상을 만들어드리고 있다. 이를 토대로 따져보면 하루에 세 명, 1년에 1200명을 만난다고 볼 수 있다. 약속을 잡고 관리하는 데에도 엄청난 시간이 들 것 같지만, 실제로는 그렇지 않다. 일단 신뢰하는 지인에게서 사람을 소개받거나 파티처럼 사람이 많이 모이는 곳에 초대받기 때문에 사전에 약속을 할 필요가 없다. 또 우연히 들른 친구의 집에서 마침 그 자리에 있던 사람과 친해져 "다음에는 저희 집에 놀러 오세요."라고 약속을 잡기도 한다. 부자들은 본래 사람과 만날 기회가 많은데다가 기본적으로 '오는 사람을 막지 않는 자세'로 누구나 환영하기 때문에 사적으로도 많은 사람을 사귄다.

그동안 몰랐던 사람과 만나고 친해지려는 의욕은 일반 사람들보다 부자들이 훨씬 더 강하다. 그 적극성의 이면에는 비즈니스 기회로 이어질 수 있다는 이유도 숨어 있다.

"아무리 노력해도 혼자서는 일에 한계가 있어. 사업을 일으킬 때에도 나와 다른 재능이 있는 파트너나 안심하고 일을 맡길 수 있는 협력자가 필요하지. 중요한 것은 그런 사람들을 점과 점으로 이어 돈이 벌리는 구조를 만드는 걸세. 그때 비로소 혼자서는 할 수 없는 큰일을 이루게 돼. 그 구조를 순환시키면 얻는 이익도 커지게 마련이지."

큰 부자라고 해도 혼자서 사업을 꾸리고 이어나가기란 쉽지 않다. 즉, 파트너나 협력자가 있어야만 비로소 돈이 벌리는 구조가 만들어진다. 부자들이 많은 사람을 만나려고 하는 데에는 또 다른 이유도 있다. 만난 사람들 중에 진정한 인연을 수차례 걸러내고 선별하기 위해서이다. 부자들의 주위에는 막대한 자산을 노리고 다가오는 음흉한 사람도 있고, 그들의 감성이나 취향을 잘 이해해주지 못하는 사람도 많다. 그래서 부자들은 사람을 만날 때 '저 사람과 다시 만나고 싶은가'를 엄격하게 따져 묻는다. 어떤 부자는 개인용 명함을 더 세분화해 이름과 메일 주소만 들어간 것, 전화번호까지 들어간 것으로 따로 제작하고 상대방에 따라 다른 명함을 준다. 그렇게 한 달에 100명 이상 사람을 만나면 자신의 안테나에 걸리는 사람이 몇 명은 나타나게 마련이다. 좋은 비즈니스 파트너를 만나면 함께 새로운 사업을 도모할 수 있고, 장래가 촉망되는 젊은이를 찾으면 투자를 하여 수년 뒤에 큰 이익을 얻을 수도 있다.

　사람과의 만남이 기회를 낳는다는 사실은 비단 부자들에게만 해당되는 이야기가 아니다. 한 자동차 영업사원은 고급 승용차 오너들이 모이는 취미 동호회에 가입해 부자들을 많이 소개받고 실적을 올렸다. 내 지인 중 한 명도 평생 교육원에서 동업자를 만나 새로운 사업을 꾸리고 각자의 회사와 연계했다. 그밖에 세미나나 스터디 모임에서 회사 밖 사람들과 알게 되는 일도 많다. 비즈니스 과제를 심도 있게 논의하거나 지혜를 모아 계획을 세우는 과정에서 깊은 유대가 생기기 때문이다. 실제 세미나에서 동료가 된 사람들이 함께 사업을 일으키고, 스터디를 통해 쌓은 네트워크로 스카우트되는 일도 여럿 보았다.

　사람과의 인연은 의외의 곳에서 연결되어 뜻밖의 무언가를 낳는다. 부자들처럼 한 달에 100명은 아니더라도 사람을 많이 만나려고 노력한다면, 틀림없이 새로운 기회를 얻을 수 있을 것이다.

33

명함이 필요 없는
인간관계가 진짜다

부자들은 사적으로 한 달에 100장 이상 명함을 쓴다고
말했다. 그 이유는 많은 사람을 만나고 그중에 한 명이라도
자신과 인간적으로 잘 맞는 사람을 찾기 위해서이다. 하지
만 그들은 정작 이런 방법이 진정한 인간관계를 만들고 유
지하는 데에는 비효율적이라고 입을 모은다. 오히려 '명함
을 교환하지 않는 관계'가 더 진정성 있다고 여긴다.

부자들의 집사로 일하며 가끔 곤란할 때가 있다. 고객
들은 으레 "누구에게 연락을 해주게. 오랜만에 만나 회포를
풀어야겠어."라고 부탁을 하는데, 명함을 달라는 나의 요청
에 당연하다는 듯 "명함은 없는데?"라고 대답한다. '명함이

없는데 어떻게 연락을 하지' 하고 난감한 기색을 보이면, 그제야 고객들은 휴대 전화를 꺼내 "연락처는 여기 있네." 라며 전화번호를 알려주었다. 그렇게 연락을 이은 사람들은 모두 일시적인 비즈니스 관계가 아니라 사적으로 깊은 관계였다. 즉, 부자들은 단순히 일로 얽힌 관계보다 사적으로까지 알고 지내는 사람들을 더욱 소중히 여기고, 그들과의 명함 교환에 크게 얽매이지 않는다.

우리도 평소에 낚시를 함께 다닐 정도로 친밀한 사이라면 명함을 주고받으며 격식을 차리지 않는다. 오히려 그런 자연스러운 관계가 비즈니스로 만난 사이보다 훨씬 더 신뢰가 강하고, 함께 일을 해도 서로 양보하기 때문에 사업이 순조롭게 진행된다. 부자들은 명함을 교환하지 않는 인간관계가 비즈니스를 함께했을 때 더 큰 부를 창출할 수 있는 관계라는 사실을 잘 알고 있다.

또 부자들은 '지연'을 소중히 여긴다. 고객 중 한 명이 역시나 나에게 명함을 주지 않은 채 지인에게 연락을 해달라고 부탁했는데, 전화번호를 물어보자 "A 회사 사장 집 건너편이 그 사람 집이네."라고 가르쳐주었다. 부자의 말대로 건너편 집에 가 초인종을 누르고 약속 시간을 잡기도 했다. 실제 그 지인과 우리 고객은 오랜 친구도 아니고 함께 일을 한 적도 없는 사이였는데 어디서 만났는지를 물어보니 뜻밖의 대답이 돌아왔다.

"아침에 집 앞에서 비질을 하는데 그 집도 청소를 하고 있더군. 그때 우연히 이야기를 나누다가 그 사람이 광고회사를 경영한다는 사실을 알았지. 함께 사업을 도모할 수 있겠다는 생각이 들어서 친해졌네."

이웃 간에 명함을 주고받지는 않았지만 부자는 결국 그와의 관계를 사업으로까지 확장시켰다.

대기업에 근무하는 사람이라면 누군가를 만날 때 으레 기업의 이름이 적힌 명함을 자랑스럽게 내어놓는다. 하지만 이와 반대로 부자들은 오히려 회사 이름이나 직함을 굳이 알리려 하지 않는다. 전화번호나 주소도 없이 그저 이름과 메일 주소만 적힌 명함을 들고 다닌다. 한 부자는 상장기업 창업자의 자제이지만, 주로 회사 명함 이외에 다른 명함을 들고 다닌다. 거기에는 자신의 이름과 함께 대표를 맡고 있는 자선 단체의 이름만 적혀 있을 뿐이다. 그는 이 명함을 두고 "일 이외에 반드시 내놓아야 할 때 씁니다."라고 말했다. 이를테면 혼자서 골프를 치러 갔다가 만난 사람들끼리 명함을 주고받을 때 "이것도 인연인데 연락처 정도는 교환하지요."라며 내놓는 것이다. 만약 그 자리에서 대기업의 대표이사라는 명함을 꺼내면 상대방이 부담스러워하기 때문에 오히려 자연스럽게 인연을 만들기 위해 그런 명함을 쓴다고 했다.

혹시 오늘 내가 받은 명함에 직함이나 기업 이름이 없다면 그 사람은 엄청난 부자일 가능성이 높다.

34

수상한 사업 아이템도
귀 기울여 듣는다

자산이 막대한 부자에게는 '수상한 사업 아이템'을 빌미로 접근하는 사람이 많다. 보통은 절대로 실현되지 않을 법한 이야기에 단지 재미있다는 이유로 말려들 사람은 없다. 누군가가 계속 그런 이야기를 하는데 시간을 내어 들어준다면 거절하기가 어려워지므로 일찌감치 자리를 뜨고 싶지 않을까? 하지만 부자들은 우리와 다르다. 신뢰가 가고 알기 쉬운 사업 이야기보다는 오히려 수상하고 이상한 일에 더 흥미를 갖는다. 사람이 죽으면 시신을 보관해두었다가 의료 기술이 발전했을 때 재생시키는 사업, 점원 없이 자동화 시스템으로 운영되는 식당, 누군가를 복제해 만든

인공지능 로봇 사업 등 마치 SF 영화에나 나올법한 이야기에 큰 관심을 기울인다.

집사 입장에서는 이런 사업 아이템을 전해 들으면 당연히 고객이 거절할 거라 판단하여 가볍게 이야기를 흘리고 마는데, 부자들은 오히려 자신의 소중한 시간까지 할애해 "더 자세히 듣고 싶은데."라며 눈을 반짝인다. 그러고는 실현 가능성이 1퍼센트도 안 되는 그 사업에 대해 "구체적인 계획이 어떻게 되나?", "몇 년 뒤면 실현되겠는가?" 하며 질문 공세를 퍼붓는다.

대체로 부자들은 '꿈같은 이야기'를 아주 좋아한다. 하지만 잘 생각해보면 우리 주변에는 휴대 전화나 전기 자동차 등 불과 몇 년 전만 해도 '꿈'이라 여겨졌던 상품이 많이 존재한다. 비즈니스 모델도 마찬가지다. 컴퓨터가 보급되기 시작한 20년 전만 해도 "인터넷으로 옷가게를 차리려고 하는데 투자해주세요."라는 이야기 따위에 귀를 기울이는 사람은 아무도 없었다. '세상에 인터넷으로 물건을 사는 사람이 어디 있어', '그런 사업이 성공할 리 없지'라는 안이한 생각 때문에 용기 내어 투자하지 못했던 것이다.

그런데 지금은 어떠한가? 컴퓨터뿐만 아니라 스마트폰으로도 누구나 간단하게 인터넷에 접속한다. 게다가 진짜로 인터넷 쇼핑몰이라 불리는 웹 사이트에서 물건을 사는 일이 당연한 시대가 되었다. 즉, 수상한 사업이라고 여겨지던 일이 수십 년 뒤 거액의 부를 낳는 비즈니스가 된 셈이다. 지금은 불가능하다고 여겨지는 사업이라도 10년 뒤 혹은 20년 뒤에는 당연해질 가능성이 있다. 그래서 부자들은 수상한 사업 이야기에 귀를 기울이고 흥미를 갖는다.

다만 실제로 그런 사업에 투자를 하는가는 또 다른 문제이다. 가치가 있다고 확신이 드는 사업이라면 거액의 투자를 주저하지 않지만, 이런 꿈같은 사업은 도중에 엎어질 가능성도 크게 마련이다. 그렇기 때문에 앞에서 말한 대로 부자들은 그 사업 아이템을 개발하는 사람이 투자에 실패해도 용서할 수 있는 사람인지까지를 꼼꼼히 따져 최종 결정을 내린다.

보통 사람들이 부자들처럼 수상한 사업 아이템에 거액의 돈을 쏟아붓기란 쉽지 않다. 하지만 지금껏 발전한 기술을 토대로 생각해볼 때, 수상하다는 이유만으로 멀리하는 자세도 그리 바람직하지는 않다. 현실 가능성이 없는 이야기일지라도 미래의 비즈니스 감각을 연마한다는 자세로 귀를 기울여보는 건 어떨까?

35

큰 권위보다
작은 신뢰를 중시한다

부자들은 간판의 크기로 거래처나 상대방을 판단하지 않는다. 보통 사람들은 큰돈을 은행에 맡길 때 대형 은행, 이른바 제1금융권을 선호하는데 부자들은 반대로 프라이 빗 뱅크나 지방 은행, 신용 금고와 더 자주 거래한다. 우리가 대형 은행을 이용하는 이유는 안정적이고 믿음이 간다는 고정 관념 때문은 아닐까? 하지만 부자들이 은행을 선택할 때의 기준은 회사의 규모가 아니라 '자신을 얼마나 중요한 고객으로 대하는가'이다.

5억 원이라는 돈을 맡기는 경우, 대형 은행에서는 1등급 고객으로 쳐주지 않지만 신용 금고에서는 기업이든 개인이든 최상위 고객으로 여기고 중요하게 대해준다. 착실하게 돈을 모아 대형 은행에 2억 원 정도를 저축해도 서비스로 주는 상품은 고작 휴대용 티슈에 불과하다. 또 막상 주택 자금 대출을 받거나 사업 자금 대출을 받으려 해도 다른 예금자보다 금리를 낮춰주는 일도 잘 없다. 하지만 작은 은행에서는 2억이라는 돈도 환영받는다. 게다가 자신들의 은행을 선택해주었다는 이유만으로 감사함을 느껴 금리를 조정해주기도 한다.

부자들이 대형 은행보다 작은 은행을 선호하는 이유는 또 있다. 바로 은행의 사정으로 영업 담당자가 자주 바뀌지 않기 때문이다. 반복해서 말하지만 부자들은 '사람'을 보고 비즈니스를 한다. 은행 영업 담당자가 자신을 위해 친절하게 대해준다면 회사의 규모와 관계없이 계속 거래를 이어나간다. 하지만 대형 은행은 전근이나 타 은행으로의 스카우트 문제로 대략 3년마다 담당자가 바뀐다. 그러면 애써 쌓아온 인간적인 유대가 모두 사라지고 만다. 참고로 부자들은 은행과 거래를 할 때 신뢰하는 담당자가 다른 은행으로 이직하면 대부분 그를 따라 금융 기관을 바꿔버린다. 이러한 사실을 볼 때, 부자들은 회사의 규모나 권위보다는 담당자와의 작은 신뢰를 훨씬 더 소중히 여긴다는 점을 알 수 있다.

간판으로 상대방을 판단하지 않는 자세는 비즈니스에서도 마찬가지이다. 모임에서 사람을 만나 명함을 교환할 때 대기업 이름과 직함이 찍혀 있다면 조금 더 관심이 가고 말도 더 귀 기울여 듣지 않을까? 하지만 부자들은 대기업에 다니는 사람이든 중소기업에 다니는 사람이든 차별하지 않고 사람을 대한다. 오히려 작은 회사에 다니는 사람은 간판에 기대지 못하는 만큼 순수하게 실력으로 승부를 본다고 생각한다. 즉, 부자들이 인간관계를 맺을 때 중요하게 생각하는 건 간판이나 배경이 아니라 그 사람 자체의 본질이다.

36

결정적인 순간에는
자기 돈을 쓴다

부자들은 인간관계를 맺을 때 정말로 '이때다' 싶은 순간에는 자기 돈을 아끼지 않는다. 혼자 해외여행을 갈 때에는 꼭 이코노미 클래스를 타면서, 가족이나 비즈니스 파트너와 함께 갈 때에는 초호화 비행기를 통째로 빌린다. 또 혼자 밥을 먹을 때에는 가장 저렴하고 빨리 먹을 수 있는 메뉴를 고르는 반면, 어떠한 목적을 두고 누군가에게 대접을 할 때에는 최상의 요리를 주문한다. 물론 애당초 부자들이 최고급 비행기나 음식에 쓰는 돈은 자산의 극히 일부이기 때문에 크게 문제되거나 부담스러운 지출이 아니다. 하지만 부자들은 거액의 돈을 모으기 전, 그러니까 우리와 같은 일반인 시절부터 '결정적인 순간'에는 자기 돈을 아끼지 않았다고 입을 모은다.

우리 고객 중에는 스포츠 용품 사업으로 큰 성공을 거둔 부자가 있다. 그는 본래 스포츠 용품 회사의 말단 사원 출신인데, 그 시절부터 자기 주머니를 털어가며 도매점이나 소매점 담당자에게 식사를 대접하고 감사의 마음을 표했다고 한다. 또 해외로 휴가를 다녀오면 반드시 기념품을 사가지고 와서 "제가 쉬는 동안 수고가 많으셨습니다."라는 감사 인사를 전하며 나누어주었다고 한다. 그는 나에게 이런 일화도 들려주었다.

"한번은 거래처 분들과 골프 시합을 보러 갔는데 우연히 유명 골프 선수에게 사인을 받을 기회가 생겼네. 일행 중에 그 선수의 열성 팬이 있어서 정말 좋은 기회라 생각했지. 그런데 가방을 뒤져보니 펜만 있고 종이는 없는 거야. 허둥지둥 골프장 옆에 있는 가게로 달려가 모자 하나를 사왔어. 거기에 사인을 받아 그분에게 건넸더니 어찌나 기뻐하시던지."

수년이 지나고 그가 창업을 했을 때 사인이 적힌 모자를 받은 거래처 직원은 그를 물심양면으로 지원해주었다고 한다.

또 다른 고객은 직장인 시절부터 '연하장'을 열심히 썼다고 말했다. 일반적으로 회사에서는 신년이 되면 거래처에 일괄적으로 연하장을 돌리는데, 그는 비즈니스 관계라도 친밀한 사람에게는 회사가 아닌 집 주소로 개인 연하장을 보냈다. 물론 회사 경비가 아니라 직접 자기 돈으로 연하장을 구입했고, 그만큼 충분히 의미 있는 선물이 되었다고 했다.

"내가 개인 연하장을 보내면 상대방도 답장을 하게 마련이지. 회사에서 나눠주는 똑같은 연하장이 아니라 특별히 상대방의 취향에 맞는 디자인을 고르는 일도 중요했어. 그래서 애완동물을 좋아하는지, 꽃을 좋아하는지를 미리 파악해두었어. 물론 집으로 연하장을 보내면 상대방의 가족도 나를 기억해준다는 이점이 있네."

정말로 집으로 선물이나 연하장을 보내면 그 집의 안주인이 따로 감사 인사를 보내오기도 한다. 그렇게 한 걸음 다가간 인간관계는 사업을 할 때 거래를 해주는 등 많은 도움 요소로 발전한다.

기껏해야 연하장은 한 장에 2000원 안팎이다. 100장을 사도 20만 원인 셈이다. 그 정도의 돈으로 귀중한 인맥을 얻을 수 있으니 참으로 매력적인 투자라 할 만하다. 단, 연하장은 정말로 친하다고 생각되는 사람에게만 보내야 한다. 겨우 한 번 명함만 교환한 상대방이 집으로 우편물을 보내오면 수상하게 여길 수 있기 때문이다.

37

특별히 신뢰하는 관계는
따로 있다

대개 부자들에게는 '대리인'이라 불리는 측근이 있다.
대리인이란 그들이 바쁠 때 사적인 일을 대신해서 처리해
주거나, 때로는 특정한 권한으로 업무 사안을 대신 결정해
주는 사람을 말한다. 대리인은 대부분 가족이나 친척으로
설정하는데, 간혹 유치원부터 인연을 시작해 30년 넘게 친
하게 지내온 소꿉친구도 포함된다.

부자들이 친족이나 소꿉친구를 대리인으로 지정하는
이유는 당연히 '믿을 만한 사람'이기 때문이다. 어지간해서
그들은 배신을 하거나 등을 돌리지 않는다. 또 친족이나 소
꿉친구는 부자와 일대일 관계가 아닌 또 다른 사람과 연결

이 되어 있다. 이를테면 삼촌의 경우 아버지를 비롯한 친가 식구들과 관계가 있어 함부로 부정행위를 저지르거나 회사를 그만두지 못한다.

물론 어릴 때부터 오랜 시간 알고 지낸 소꿉친구도 마찬가지이다. 유치원 시절부터 서로의 집에 왕래한 관계이기 때문에 가족 모두가 친하게 알고 지내고, 무슨 일이 있으면 곧바로 부모에게로 소식이 간다. 자식이 사고를 치면 응당 부모가 대신 보상해야 하므로 허튼 짓을 함부로 하지 못한다. 즉, 친족이나 소꿉친구는 주변 인물들까지 모두 연관이 되어 있는 아주 깊은 관계다. 부자들은 그런 관계만을 특별히 신뢰한다.

회사를 경영하는 부자들은 부사장이나 전무의 자리에 친족을 올리기도 한다. 이른바 '가족 경영'이다. 가족이 경영에 참여하는 경우 부정의 온상이 되기도 하지만, 긍정적인 측면으로 보면 탄탄하게 경영 구도를 잡을 수 있다는 장점도 있다. 아무리 힘든 상황이라도 가족이 한 마음으로 단결하면 어려운 상황을 쉽게 극복할 수 있다. 만약 회사가 자금을 마련하는 데 어려움을 겪더라도 친척이라면 얼마

동안은 무급으로 일해주기도 한다. 우리 고객 중에도 "처음 회사를 세웠을 때에는 경영이 힘들어 친척들에게는 월급을 주지 못했어."라고 말한 사람이 있다. 그 부자의 삼촌은 회사의 상황을 가슴 깊이 이해하고는 "하는 수 없지. 내가 조카를 위해 2년은 무급으로 일하겠네."라며 경영을 도왔다고 한다. 부자의 아내들 역시 당연하다는 듯 무급으로 일하는 사람이 많다. 가족이라 해도 결코 쉬운 일이 아니라는 점에서 정말 대단하다고 생각한다.

한편 어른이 되고 난 후 사귄 친구는 이토록 끈끈한 유대관계를 맺기가 어렵다. 말이 잘 통하고 이해관계도 일치하는 친구와 함께 창업을 했다는 이야기를 종종 듣지만, 대개는 금전적인 문제로 인해 수년 후 회사를 분리하거나 아예 매각한 사례가 대부분이었다. 수입이 좋을 때엔 돈으로 인한 문제가 생기지 않지만, 설비 투자를 늘리는 등 돈을 많이 써야 하는 일이 생기거나 급여 배분에 대해 의견이 충돌하면 어김없이 동업자는 서로 등을 돌렸다. 결국에는 서로를 비난하고 헐뜯는 사람도 많이 보았다.

사업을 하다보면 처음 1~2년은 수익이 나지 않을 수
도 있고, 약속한 급여를 직원들에게 주지 못하는 사태도 발
생하게 마련이다. 그래도 초지일관 함께 힘을 모을 수 있는
존재는 정말로 신뢰할 수 있는 사람들뿐이고, 그들이 곧 회
사의 존폐를 좌우한다. 부자들은 그런 사정을 잘 알기 때문
에 창업을 할 때에는 함께 어려움을 헤쳐 나갈 수 있는 사
람을 선택하고, 이후에 자신의 대리인으로 세워 신뢰를 증
명한다.

38

직원을 향해
감사의 마음을 갖는다

고객들에게 "어떻게 그토록 많은 부를 쌓았나요?"라고 물어보면 실로 다양한 대답이 돌아온다. 대대로 집안에 돈이 많은 귀족 같은 사람도 더러 있었지만, 우리 고객 대부분은 자신이 사업을 일구어 성공시킨 후 자산을 점점 늘려왔다고 대답했다. 그들은 모두 어느 정도 자금이 모인 후에는 '돈이 돈을 버는 구조'를 만들어 자산을 늘렸다고 했다. 하지만 사업 초창기에 여러 사람의 '도움'이 없었다면, 이만큼 규모를 키우고 성장을 지속시키기 어려웠을 거라고 입을 모았다.

자산을 늘리려면 분명 여러 사람과의 협력이 필요하다. 회사를 경영해 부를 일구려면 직원을 고용해야 하고 그들이 성과를 내게끔 만들어야 한다. 그 시점에서 사장은 직원들에게 상당한 기대를 건다. 당연한 일이다. 직원이 열심히 일하지 않으면 회사는 절대로 성장하지 않기 때문이다. 어느 정도 회사가 성장했더라도 더 큰 성장을 도모하기 위해서는 여전히 직원들의 노력이 필수이고, 그에 따라 거는 기대도 점점 커지게 마련이다.

그런데 많은 부자가, 사업을 오래 하다 보니 오히려 직원들에게 기대는 마음이 점점 사라졌다고 말했다. 경영자들은 우수한 사원에게 큰 기대를 걸고, 기대한 만큼 일하는 사람에게 급여를 많이 준다고 생각했기 때문에 그 말이 참 이상하게 느껴졌다. 그래서 한 부자에게 "왜 직원들에게 기대지 않습니까?"라고 물어보았다.

"사업이 궤도에 오르고 자산이 늘어나면 오히려 나를 위해 일해주는 사람들에게 감사하다는 마음이 더 커지게 마련이야. 그리고 어느 순간부터는 내가 직원들을 뒤에서 든든하게 받쳐줘야겠다는 큰 사명감이 생겼네."

사업을 일정 궤도에 올리기까지는 당연히 직원들의 성과에 기대야 하지만, 그 이후에는 오히려 직원들에게 고마운 마음이 생겼다고 했다. 그는 자신을 믿고 열심히 일해주는 직원들이 더욱 풍요롭게 생활할 수 있도록 만들어줘야겠다는 책임이 드는 동시에, 직원에게 기대는 마음도 사라졌다고 했다. 그러고는 이런 말을 덧붙였다.

"처음 사업을 시작했을 때는 내가 직원들에게 기대었던 것 같아. 그런데 이제는 반대로 나를 따라와준 직원들의 기대에 내가 부응해야겠다는 생각이 드네. 그들의 생활을 지키기 위해 나는 더 노력해야 해. 실패는 절대로 용납할 수 없다고 마음을 다잡곤 하지."

자신이 경영하는 회사의 직원과 그들이 먹여 살리는 가족은 경영자에게 있어 엄청난 책임이다. 어깨를 짓누르는 책임감과 거기에 수반되는 고통은 일반 직원들이 헤아리기 어려울 만큼 크다. 즉, 부자의 어깨에는 수백, 수천 명의 생활이 달려 있다. 이러한 중압감을 견딜 수 있느냐가 곧 부자가 되는 조건이 아닐까 한다.

39

입시를 통해
자녀의 인간관계를 관리한다

많은 부자가 자녀를 '명문 학교'에 입학시키려고 애쓴다. 이른바 '입시 전쟁'에 과감히 뛰어든다. 우리 고객 중에 한 미국인 부자는 '보딩 스쿨(Boarding School)'이라 불리는 명문 사립 기숙 학교에 아이를 입학시켰다며 뛸 듯이 기뻐하기도 했다.

부자들은 왜 이렇게 자녀의 입시에 관심을 쏟을까? 이는 단지 좋은 교육을 받게 하기 위해서는 아니다. 수준 높은 교육을 받게 하려면 우수한 가정 교사를 고용해 일대일로 공부를 시키는 편이 더 낫다. 부자들이 명문 학교에 얽매이는 진짜 이유는 바로 자녀들이 '어린 시절부터 유익한 인맥을 쌓게 하기 위해서'이다.

명문 학교에 다니는 학생들은 대부분 좋은 집안의 자제들이다. 그런 친구들과 어린 시절부터 어울리면 장차 비즈니스를 할 때 긴밀히 협력하는 인간관계를 만들 수 있다. 명문 학교에는 유명 정치가부터 세계적인 부자에 이르기까지, 국내외 정치와 경제에 막대한 영향을 끼치는 사람들의 자녀가 다닌다. 부자들은 그런 집안의 자녀와 친밀한 인간관계를 쌓는 일이야말로 안정된 미래를 보장한다는 사실을 잘 알고 있다. 내가 아는 부자는 이렇게 말하기도 했다.

"만일 사업에 실패해 돈을 전부 잃더라도 인맥이 좋으면 어떻게든 다시 올라갈 수 있지."

앞에서 말했듯이 부자가 진심으로 신뢰하는 사람은 친족과 소꿉친구뿐이다. 명문 학교에서 알게 된 친구가 장차 신뢰할 수 있는 인맥이 되어 자녀의 대리인이 될 수도 있다. 또 만약 사업에 실패한다면 친구가 투자를 도와줄 수도 있다. 부자들은 그런 친구를 몇 명 사귀는 일이 내 자식의 미래를 좌우한다고 굳게 믿는다.

　물론 일반 사람들 역시 부자만큼이나 자녀의 입시에 관심이 많다. 개인적으로도 가급적 명문 학교에 자녀를 입학시키는 편이 좋다고 생각한다. 다만 돈이 많지 않은 가정에서는 자녀를 명문 학교에 보냈을 때 발생하는 문제에 대해 걱정이 많은 줄로 안다. 하지만 분명한 건 아이들이 인간관계를 맺을 때에는 부모들보다 훨씬 더 돈에 얽매이지 않는다는 사실이다. 종종 드라마에서는 좋은 집안의 부모가 상대적으로 못사는 가정의 아이를 배제시키고 멀리하게 가르치는 에피소드가 등장하는데, 이는 그저 드라마 속 이야기일 뿐이다. 애당초 입학 허가를 받았다면 모두 동일한 친구로 받아들여지고 서로 함께 시간을 보내다보면 마음이 잘 맞는 그룹이 생겨 진정한 친구를 사귈 수 있다.

　일반 직장인들이 월급만으로 자녀를 명문 학교에 보내기란 다소 부담스러울 수 있다. 학비나 부모 간의 모임 등 힘든 면이 분명 존재한다. 하지만 자녀의 인맥을 생각한다면 한 번이라도 명문 학교에 입학시켜보는 건 어떨까? 분명 자녀의 앞날에 큰 도움이 될 것이다.

Arai Naoyuki

집사가 남몰래 기록한

부자의
금전 철학

40

불경기가 되면
오히려 기뻐한다

보통 사람들은 불경기가 되면 허리띠를 더 단단히 졸라맨다. 수입이 불투명해지고 주가나 부동산 가격이 하락해 자산이 줄어드니, '절약이라도 하자'는 마음이 드는 것도 당연하다. 하지만 부자들은 오히려 불경기를 환영한다. 경기가 침체될 때야말로 주저 없이 지갑을 연다.

물론 부자라고 해서 불경기에 자산이 줄어드는 일을 피할 수는 없다. 오히려 원래 보유한 자산이 막대하기 때문에 줄어드는 금액도 상상 이상이다. 그럼에도 부자들은 불경기가 되면 절약은커녕 고가의 물건을 사거나 적극적으로 레저 활동을 즐긴다.

"지금이야말로 살 때, 놀 때가 아닌가. 불경기가 되면 물건이나 서비스의 가격이 그만큼 떨어지지. 좋은 물건을 싸게 손에 넣을 수 있는 기회야."

특히 값이 나가는 물건일수록 갖고 싶은 마음도 큰 법이다. 고급 호텔의 경우 2인실 가격이 50만 원 이상이지만, 리먼 사태 이후에는 한 사람당 5만 원으로 뚝 떨어졌다. 주요 고객을 대상으로 한 스페셜 가격으로 2인 이상 묵어야 한다는 조건이 붙어 있었지만, 전망 좋은 고층 호텔을 10만 원에 이용할 수 있다는 점 때문에 예약이 폭주했다고 한다. 물론 우리 고객들도 당시 그 호텔을 자주 이용했다.

불경기에 호텔 이용료를 현저히 낮춰 운영하면 오히려 적자가 나지 않을까 생각하는 사람도 많겠지만, 사실 이는 호텔 입장에서도 큰 이득이다. 고객이 전혀 없더라도 최소한의 직원은 배치해야 하고 레스토랑이나 쇼핑 센터 같은 시설을 무작정 닫을 수도 없기 때문이다. 더불어 호텔이 텅 비어버리면 평판에도 악영향을 미치기 때문에 파격적인 금액을 제시해서라도 손님을 끌어들여야 한다.

고급 음식점도 사정은 마찬가지이다. 손님의 수가 반감

하더라도 인건비나 임대료 등의 부담은 동일하다. 당연히 가게로서는 가격을 최대한 낮추더라도 손님을 더 받고 싶어 하지 않을까? 불경기가 이어지던 시절에는 호텔 레스토랑이나 고급 음식점에서 '1만 원 런치' 이벤트를 벌이기도 했다. 부자들이 자주 이용하는 최고 등급 호텔에서도 3만 원만 내면 호화로운 식사를 즐길 수 있었고, 동일한 가격으로 고급 샴페인을 무제한 즐길 수 있는 서비스도 인기를 끌었다.

그런데 그런 기회는 항상 오지 않는다. 최근 한 호텔에서 고객과 점심을 먹었는데 불경기에는 3만 원이던 점심 가격이 거의 두 배 가까이 올라 있었다.

경기가 좋아지면 내 수입은 단숨에 배가 되지 않는다. 하지만 물건이나 서비스의 가격은 두세 배 올라간다. 원래 가격이 높은 것이라면 더더욱 그렇다. 자동차나 부동산 가격만 봐도 그렇다. 호황기에 판매 회사는 높은 가격을 내세우며 호기롭게 장사를 하지만, 불경기에는 가격을 낮추고 할인율도 늘린다. 불경기에 허리띠만 졸라매서는 그런 기회를 거머쥘 수 없다. 부자들은 불경기를 노려 전부터 관심이 있었던 고가의 자동차나 미술품을 사고, 여행이나 고급 음식도 즐긴다.

더불어 부자들은 불경기는 '살 때'일 뿐만 아니라 자산을 '늘릴 때'라고도 입을 모은다. 업체를 운영하는 우리 고객은 불경기를 노려 적극적으로 인재를 채용한다. 다른 기업이 채용을 줄일 때가 바로 우수한 인재를 낚아챌 수 있는 기회이기 때문이다.

이 시기에 최저 시세의 주식을 사거나 미래를 위한 대형 투자를 감행하는 부자도 많다. 그러한 여력이 있는 건 불경기를 대비해 호황기 때 필요한 자금을 차곡차곡 모아 두었기 때문이다. 부자만큼 자산이 넉넉지 않은 우리는 불경기가 오면 세상의 분위기에 압도되어 지금이 '살 때'라는 생각을 하지 못한다. 반대로 경기가 좋아지면 '조금 사치를 부려도 되겠지' 하는 마음에 쓸데없는 낭비를 일삼는다. 하지만 부자는 우리와 완전히 반대로 사고한다. 경기가 좋을 때는 자금을 축적하고, 불경기가 되면 먼 미래에 가치와 이득을 창출하는 물건을 사들인다.

우리도 부자들처럼 경기의 움직임을 의식해 돈 쓸 때를 판별한다면, 현명한 소비를 할 수 있지 않을까?

41

1위 물건에서
10배의 가치를 얻는다

부자들은 유독 '1위'에 강하게 집착한다. 우리 고객 중에는 세계에서 가장 빠른 자동차를 구입한 사람이 있는데, 그 차에는 F1 머신이 탑재되어 있어 최고 시속이 400킬로미터에 이른다고 한다. 소위 '고급'이라 불리는 자동차와 비교해 가격이 자릿수부터 다르지만, 그는 "다른 차가 아니라 꼭 이 차를 사야 했네."라며 웃으며 이야기했다. 솔직히 나는 그가 왜 이 차를 고집하는지 전혀 이해하지 못했다. 세계 2위나 3위인 자동차도 최고 시속이 절대 떨어지지 않는데 가격은 훨씬 더 낮았기 때문이다. 물론 애당초 시속 400킬로미터로는 공공도로를 달릴 수 없음은 물론이거니와, 같은 금액을 내면 최고 시속 300킬로미터 이상은 가뿐히 달리는 자동차를 열 대나 구입할 수도 있었다. 나는 그에게 이 차를 구입한 진짜 이유를 물었다.

"세계 2위의 자동차라고 하면 누가 관심이나 갖겠나. 하지만 세계 최고의 속도를 기록한 자동차라고 하면 누구나 타보고 싶은 마음이 드는 게 당연하지. 바로 '1위'만이 가질 수 있는 가치와 프리미엄이야."

하긴 누군가가 세계에서 가장 빠른 자동차를 타보게 해준다면 나 같아도 당장 관심이 갈 것이다. 또 그런 자동차를 눈으로 보았다는 사실만으로도 이야기의 소재가 된다. 그래서 수십 배의 비용이 들더라도 1위에는 그만한 가치가 있고 사람을 끌어들이는 매력도 강하다. 그 점이 바로 2위와 다른 점이다.

일본에서 가장 높은 산이 '후지산[富士山]'이라는 걸 모르는 사람은 거의 없다. 그러면 일본에서 두 번째로 높은 산은 어디일까? 아마 일본인이라도 제대로 대답하지 못할 것이다. 전 세계 등산객들이 후지산으로 모여들고, 그림이나 문학의 소재로 후지산이 자주 등장하는 이유 역시 일본에서 가장 높은 특별한 산이기 때문이다.

부자들이 2위나 3위가 아니라 철저하게 1위에만 집착하는 이유는 애당초 승리에 대한 집념이 강하기 때문이다. 그 점을 잘 나타내는 것이 바로 '경주마'다. 많은 부자가 경주마를 소유하고 있는데, 경마에서 자신의 말을 1위로 만들기 위해 정말 갖은 노력을 쏟아붓는다.

"1위가 아니면 진 것과 마찬가지일세. 근소한 차이로 져도 진 건 진 거야. 지면 결국 아무것도 남지 않아."

그래서 어느 경주에서든 2위나 3위와 같은 안정적인 성적을 남기는 말에는 별로 흥미를 느끼지 못한다. 질 땐 지더라도 이길 땐 한끝 차이로라도 기를 써서 선두로 결승점을 통과하는 말에만 애정을 준다.

비즈니스 세계에서도 1위가 아니면 의미가 없는 상황이 많다. 실제로 수주를 딸 때 다른 회사와 경쟁을 벌여 선택받는 회사는 단 하나뿐이다. "결선까지 올라가 한 단계만 넘으면 됐는데, 아쉽게도 2위에 그쳤습니다."라고 말해봤자, 결국 그 안건을 수주하지 못했다는 사실에는 변함이 없다. 1위로 승리를 거두기란 분명 쉽지 않다. 항상 1등으로 실적을 내는 영업사원과 2등에 머무르는 영업사원 사이에는 틀림없이 큰 차이가 존재한다. 그래서 1등에게 좋은 평가와 칭찬이 쏟아진다. 물론 2등의 자리를 지킨 사람도 우수하지만, 아슬아슬한 승부에서 끝까지 버티며 승리하는 어떤 기질이 없으면 1등이 되지 못한다.

나는 많은 부자를 보며, 그 무언가란 바로 '기백'이나 '끈기'라는 것을 깨달았다. 사실 최고들의 싸움에서는 개인의 능력이나 노력에 거의 차이가 없다. '2위는 절대 용납하지 않는다. 반드시 1위로 승리한다'는 강한 집념만이 승패를 가르는 결정타가 된다. 올림픽에서도 '가장 잘해도 금메달, 가장 못해도 금메달'이라고 결심한 선수가 결국 금메달을 가져가는 법이다.

아슬아슬한 승부의 세계가 얼마나 냉혹한지를 아는 부자들은 반드시 1위를 거머쥐는 승부사의 기운을 민감하게 구별해낸다. 전문 펀드 매니저를 곁에 둔 부자가 많은데, 그들은 우수한 전문가를 많이 만나본 후 결국 승리를 거두는 사람을 귀신 같이 찾아낸다. 그래서 1억 원의 보수를 주고 10억 원의 이익을 내는 펀드 매니저보다는, 10억 원이라는 열 배의 보수를 주고서라도 100억 원 이상 이익을 창출하는 펀드 매니저를 고용한다.

1위가 가지는 가치는 2위나 3위와 비교할 수 없을 만큼 크다. 금메달리스트는 시간이 지나도 기억에 남지만 은메달리스트는 기록을 찾아보지 않으면 기억해내기가 쉽지 않다. 무슨 일이 있어도 최고만을 추구하는 부자들은 1위를 통해 열 배 넘는 감동과 가치를 창출해낸다.

42

투자 상품은
10년 주기로 생각한다

주식은 이제 우리와 같은 보통 사람들에게도 친숙한 투자 방법이다. 그런데 많은 사람이 일순간 오르고 내리는 시세 변동에 마음이 휩쓸려 올바른 매매 판단을 내리지 못한다. 조금 가격이 오르면 다급한 마음에 허둥지둥 팔아 이익을 내지만, 바로 뒤따라 계속해서 오르는 가격을 보고는 후회하는 일도 많다.

물론 좀처럼 수익을 내기 어려운 주식 투자에서 단기적으로 이익을 내는 일도 환영받아 마땅하고, 적절하게 환매했다고도 평가할 수 있다. 하지만 더 많은 돈을 벌어들이기 위해서는 이런 단기적 이익만으로는 부족하다.

대체로 부자들은 일반 사람들보다 더 먼 미래를 내다보고 투자한다. 주식 차트는 하루부터 일주일, 한 달, 5년, 10년 단위로 주가의 추이를 보여주는데, 부자들은 공통적으로 '10년 차트'에 주목한다. 10년 차트가 없으면 일부러 사람을 시켜서라도 조사한다. 때에 따라서는 20년 혹은 30년 차트도 조사한다. 장기적으로 세상이 어떻게 변하는가, 그 움직임 속에서 중기적으로 커다란 이익을 얻으려면 지금 어떻게 해야 할까를 생각하기 위함이다. 장기와 중기, 단기 시점을 조합해 최대의 가치를 추구하는 것이다. 즉, 부자들은 '30년 뒤 미래'를 상상하고, '10년 후'에 최대의 이익을 얻기 위해 '지금' 해야 할 일을 판단한다.

몇 달 전, 지방 도시에서 확고한 기반을 구축하고 있는 경영자를 만난 적이 있다. 건축 회사를 경영하는 오너인데 과거에는 동종 업계 대기업에서 활약했고 30대 중반에 퇴직할 당시에는 연봉이 1억 5000만 원이나 되었다고 한다. 그런데 그런 안정적인 자리를 박차고 나와 그가 제일 처음한 일은 창업이 아니었다. 고향의 시의회 의원 비서직을 자처해 들어간 것이다. 사실 지방 의원 비서의 급여는 정말 간신히 먹고 살 수준이다. 나는 왜 그런 선택을 했냐고 물었는데, 그는 "이게 다 미래를 내다보고 벌인 일이지."라고 말하며 웃음 지었다.

실제로 그가 모셨던 의원의 후원자 중에는 토목이나 건축업에 종사하는 사람이 많아서 그들의 사정을 들어주는 일이 빈번했다. 또 지역의 건축 커뮤니티에 들어가 주민들의 얼굴을 익히고 성실하게 활동하기도 했다. 비서 생활을 5년간 한 뒤, 그는 만반의 준비를 마치고 고향에서 종합 건설회사를 설립했다. 그리고 지금은 지역에서 모르는 사람이 없을 정도로 우량한 기업으로 성장했다. 그의 자산 금액은 정확히 모르지만 아마 상당하리라 예상된다. 비상장 오너 기업이지만 회사의 내부 유보 비율은 거의 100퍼센트에 달하고 지속적으로 높은 영업 이익을 내고 있기 때문이다. 그에게 회사를 대기업으로 성장시킨 비결을 물어보았다.

"역시 비서 생활을 했던 경험이 결정적이었네. 건축에 관한 다양한 일을 하면서 지역 사람들의 신뢰를 얻었고 진정한 인맥도 쌓을 수 있었지."

의원 비서의 노하우만 얻거나 명함 수만 늘리고자 했다면 사실 5년이나 그 일을 할 필요가 없었다. 하지만 더 먼 미래를 내다보고 사업을 구상하기 위해서는 비서로 일하는 5년 간의 경험이 꼭 필요했다. 여차할 때 무리한 부탁을 할 수 있는 인맥은 한두 번 만난다고 해서 만들어지는 게 아니다. 지역 주민들의 진정을 접수받으면 온힘을 다해 해결을 돕고, 일을 통한 교류를 지속적으로 해왔기 때문에 "당신을 위해서라면 기꺼이 움직여주겠다."라고 말하는 후원자를 얻을 수 있었다.

얼마 전 만난 투자 펀드회사의 대표도 국회의원 비서를 3년쯤 했다고 말했다. 30세에 사업을 일으켜 갓 3년째에 이른 젊은 사장이었다. 아마 그는 20대에 벌써 10년 뒤 자신의 모습을 그리고 지금 해야 할 일을 냉정하게 판단하지 않았을까?

지금 대기업에 다니며 높은 연봉을 받고 있다고 해도 그 생활이 앞으로 계속된다는 보장은 없다. 장차 이루고 싶은 꿈이 있다면 눈앞의 작은 과실보다 10년 뒤 맺을 풍요로운 열매를 위해 움직여야 한다. 지금 이 순간에는 성과를 얻지 못하더라도 기술이나 정보력을 높이거나 유익한 인맥을 형성한다면 언젠가 나에게 큰 이익으로 돌아올 것이다. 부자들의 삶을 보면, 이는 분명한 사실이다.

43

속도가 곧
돈을 낳는다

집사 서비스를 제공하는 우리 회사는 다양한 업계 사람들로부터 '부자를 대상으로 하는 사업'을 자주 소개받는다. 같은 맥락으로 한 병원에서 "부자를 대상으로 하는 의료 컨시어지 서비스를 시작하고 싶다."라는 제안을 해온 적이 있었다. 물론 이 병원의 오너도 우리 집사 서비스를 이용하는 부자 중 한 명이었다.

의료 컨시어지란 환자의 요청에 따라 정확한 진료 과를 추천해주거나 치료에 대한 불안감과 의문을 해소할 수 있게 도와주는 일종의 코디네이터 서비스이다. 즉, 이 사업을 하기 위해서는 병원 업무를 잘 아는 전문 인력을 배치

함과 동시에 눈이 높은 부자들을 만족시킬 수 있도록 상황에 따른 대응력과 접대 노하우도 갖추어야 한다. 그런데 의료 전문 지식과 정중한 접대 노하우를 겸비한 인재가 많지 않았다. 기존의 경험에 비추어 볼 때 처음부터 사업의 틀을 만들고 인재를 육성해 고급 호텔에도 뒤지지 않는 서비스를 만들려면 최소 3년은 걸려야 했다. 그런데 그 병원의 오너는 그렇게까지 기다릴 수 없다며 딱 잘라 말했다.

"초기 투자는 얼마가 들어가도 좋으니까 어떻게든 한 달 안에 시작하고 싶네. 3년이나 기다렸다간 기회 손실이 발생하지 않겠는가."

사실 나는 꽤나 성급하다는 느낌에 걱정이 앞섰지만, 병원의 오너는 당장 비용이 들더라도 한 달 안에 서비스를 시작하는 편이 3년 동안 발생할 이익을 잃는 것보다 낫다고 판단했다. 그리고 이런 발상이 일반인과 다른 부자들의 특징이다. 무엇을 하든 항상 그들은 '속도'를 의식한다.

새로운 사업을 시작할 때에도 부자들은 속도를 중요시

한다. 빠르게 일을 벌이고 싶으면 보통 경험자를 스카우트해 사업을 세팅한다. 하지만 스카우트를 해도 사업 체제를 일일이 만들어야 하고, 배경이 서로 다른 사람들을 모으다 보니 조직으로서의 일체감을 갖게 하는 데에도 어느 정도 노력이 필요하다. 그래서 이 방법도 아깝다고 생각하는 부자들은 인수·합병 방식을 선택한다. 장차 자신이 하고자 하는 사업 분야에서 이미 기반을 갖춘 회사를 인수해버리는 것이다.

"단지 그 회사를 사는 게 아니야. 회사를 인수함으로써 필요한 기술을 가진 인재와 사업 노하우를 지닌 조직, 그리고 그 회사의 고객까지 한 순간에 손에 넣을 수 있지. 이 모든 것을 처음부터 시작하려면 10년도 더 걸릴지 몰라. 그래서 기업의 인수·합병이란 '시간'을 사는 일이야."

더불어 그는 "시간을 잃는다는 것은 그 시간 안에 얻을 수 있는 기회도 잃는 것이다."라고 말했다. 예를 들어 부자들은 '이건 기회다'라고 생각되는 투자 건이 있으면 설령 외진 지역이라도 모든 일정을 취소하고 달려

간다. 아직 아무도 알지 못하는, 지금 바로 잡지 않으면 날아가버릴 기회를 확실하게 내 것으로 만들기 위해서이다. 즉, 부자들이 속도를 중요하게 생각하는 이유는 '시시각각 시간을 잃어가는 가운데 항상 최선의 기회를 내 것으로 끌어오기 위함'이다.

미국에서 사업체를 경영하는 우리 고객 중 한 명은 회사 주변에 자주 다니던 카페가 있었다고 한다. 솜씨 좋은 바리스타가 내린 커피를 한 잔 마셔야만 일이 잘 풀렸는지, 그는 거의 매일 아침마다 카페를 찾았다. 급기야 지금은 자신의 회사 안에 카페의 지점까지 냈다. 이런 이야기를 들으면 '역시 돈이 많은 부자는 카페도 사는구나' 하고 생각하겠지만, 사실 다른 의미가 숨어 있다.

카페가 아무리 회사에서 가깝다고 해도 오고가는 데에 최소 15분은 걸린다. 커피를 마시기 위해 쓰는 시간만큼 자신의 시급을 계산해보니, 전용 지점을 낸 후 그 시간을 비즈니스에 쏟는 일이 더 효율적이라고 생각한 것이다.

최근에는 많은 기업에서 이러한 사고방식으로 직원을

관리한다. 직원들이 근처 편의점으로 주스나 커피를 사러 다닌다면 아예 사내에 음료나 간식을 두어 그 시간을 줄이도록 한다. 또 흡연 시간을 아끼기 위해 금연 캠페인을 벌이기도 한다. 물론 금연의 가장 큰 목적은 직원들의 건강이지만, 담배를 피우기 위해 자리를 비우는 시간까지 줄일 수 있다는 효과도 만만치 않다.

비슷한 사업을 시작하는 회사는 많이 있어도 각기 성공 여부는 잔혹하게 갈린다. 3년이면 누구나 할 수 있는 일을 부자들은 단 한 달 만에 모두 이루어낸다. 부를 창출하는 원천이 '속도'라는 것을 너무나 잘 이해하고 있기 때문은 아닐까?

44

절대로 돈을
빌려주지 않는다

부자들은 결코 남에게 돈을 빌려주지 않는다. 그러면 돈을 빌리러 온 사람을 모두 내쫓을까? 그렇지 않다. 무엇보다도 부자들은 '적을 만들지 않는다'는 신념이 강하기 때문이다. 그렇다면 그들은 돈을 빌리러 온 사람을 어떻게 대할까? 내가 만난 부자들은 모두 돈을 빌려주지 않고 그냥 줘버렸다.

예를 들어 아는 사람이 "사업을 하려고 하는데 수중에 자금이 없습니다. 1억 원만 빌려주세요."라고 부탁을 했다고 하자. 그러면 부자들은 사업 내용과 같은 자세한 사항은 묻지도 않고 1억 원을 준비하여 "그럼 이 돈을 밑천으로 시작해보게나. 돈이 생기면 갚게."라고 하며 돈을 줘버린다. 정확히 언제 돌려받겠다는 약속을 하지 않았기 때문에 사실상 '무기한'으로 돈을 빌려준 셈이고, 엄밀히 말해 차용증서도 쓰지 않아 돌려받지 못할 가능성도 크다. 도대체 왜 그런 무모한 짓을 하는지 궁금하여 부자에게 이유를 물어보았다. 그런데 돌아온 대답은 실로 놀라웠다.

"빌려간 돈을 돌려주지 못할 상황이 되면 그 사람은 도망치고 싶은 마음이 들 걸세. 하지만 돈이 생길 때 갚으라고 말하면 절대로 도망치지 않아. 그러면 언젠가는 받을 수 있지 않겠나."

들고 보니 맞는 말이었다. 기한 내로 돌려달라는 말을 들었는데 돈을 갚지 못할 상황이 되면 도망치고 싶어질 것이다. 하지만 돈이 생길 때 갚으라고 하면 굳이 도망칠 필요가 없다. 게다가 아무런 담보도 없이 무기한으로 돈을 빌려준 부자가 고마워 더욱 노력할 것이다. 부자는 거기까지 내다보고 돈을 융통하고 있었다.

또 부자들은 돈을 빌려달라는 말을 듣기 전에, 자기가 먼저 돈을 내어주기도 한다. 사업 실패로 쫄딱 망한 친구가 부자를 찾아온 적이 있었다. 정작 이 친구는 아무런 말도 꺼내지 않았는데 부자는 "돈이 생기면 갚고 이걸로 다시 한 번 일어나게." 하며 큰돈을 건넸다. 역시나 왜 상대방이 돈을 빌려달란 말도 하지 않았는데 주었냐고 묻자, 예상치 못한 대답이 돌아왔다.

"그야 빌려달라고 하면 상대방이 요구한 대로 돈을 내줘야 하지만, 먼저 꺼내주면 내 마음대로 액수를 정할 수 있지 않겠나."

만약 자신이 내어줄 수 있는 돈은 3000만 원인데 상대방이 5000만 원을 빌려달라고 하면 거절하기도 어렵고 또 무리를 해서라도 빌려줘야 한다. 부자는 그런 상황을 만들지 않기 위해 선수를 친 것이다. 자신이 내줄 수 있는 현실적인 금액을 제시하면 자신과 상대방 모두 껄끄러워지지 않는다는 점에서 무척 현명한 판단이라고 생각했다.

하지만 부자라고 하여 누구에게나 순순히 돈을 빌려주지는 않는다. 앞서 말했듯이 부자들은 '가족'이라 부를 만큼 친한 사람 20명 정도와만 연락을 하고 지내기 때문에, 애당초 그들 곁에는 돈을 빌려주고 싶지 않은 사람이나 돈을 받아놓고 시치미를 떼는 사람이 없다.

45

돈 버는 일은
수행의 연속이다

"부자가 되고 싶은가요?"

이 질문에 아니라고 대답할 사람은 결단코 없다. 물론 돈이 인생의 전부는 아니다. 하지만 살아가면서 돈이 있으면 해결되는 일은 많다. 누구에게나 최소한의 생계를 이어 나갈 만큼의 돈은 필요하고, 약간의 사치를 허용하며 인생을 즐기거나 꿈과 이상을 실현시키는 데에도 돈은 없는 것보다 있는 편이 훨씬 더 낫다.

그렇다면 돈을 넘치도록 많이 가지면 행복도 저절로 따라올까? 아니다. 부자가 되는 일이 반드시 행복을 보장하지는 않는다. 돈을 가졌다는 사실만으로도 시기와 질투의

215

대상이 되기 때문이다.

어떤 부자의 부인이 마트에서 계산을 하려고 줄을 서 있었다. 그런데 아무리 기다려도 자신의 차례가 오지 않자 SNS에 이런 글을 남겼다고 한다. '돈을 더 받아도 좋으니 먼저 계산해줬으면 좋겠다!' 아마 본인은 솔직한 생각을 적었겠지만, 그녀가 부자라는 사실을 알고 있는 친구들은 따가운 눈총을 보냈다. 실제로 부자들은 조금이라도 사회적 반감을 사는 행동을 하면 일반 사람들보다 더 많은 공격을 받는다. 주변 사람들만 등을 돌리면 다행이다. 작은 행동으로 인해 친구나 오랜 후원자와 같은 소중한 사람들까지 멀어질 가능성이 높다. 그래서 부자들은 돈이 부르는 무서운 함정을 아주 잘 알고 있다.

우리 고객 중 한 명은 취미로 고급 자동차를 모은다. 그런데 남들의 눈에 띄는 곳에는 아주 평범한 자동차만 두고, 가장 마음에 드는 최고급 자동차는 지하에 마련된 비밀 차고에 숨겨두었다. 나에게도 지하 주차장은 알려주지 않았고 애당초 자동차가 있는 줄도 몰랐기 때문에 의아하여 물어보았더니, 그는 이렇게 대답했다.

"지하의 비밀 차고는 반드시 비밀로 해주게. 아무도 모르는 곳에 차를 두고 나 혼자 기뻐하려는 것이니 말일세. 사람들이 '저 인간은 늘 고급 자동차만 사고 있어'라고 생각하면 안 되거든."

돈이 충분히 많으면 하고 싶은 일을 뭐든지 할 수 있다. 잠깐의 짜릿함을 위해 도박에 거금을 걸 수도 있고, 가족들을 내팽개쳐두고 멀리 여행을 떠나버릴 수도 있다. 그런데 그렇다고 해서 욕망만을 따라 살면 궁극적으로 자신의 인생 자체를 잃어버리게 된다. 화려하게 행동하다 보면 음탕한 사람들이 접근해 자산을 위협하는 유혹도 받게 되는 법이다. 즉, 돈이 많으면 무엇이든 할 수 있기 때문에 오히려 더욱 철저히 자신을 통제해야 한다.

복권에 당첨되어 뜻밖의 거금을 손에 넣은 평범한 사람이 결국 그 돈을 지키지 못하고 파멸한 사례는 많이 알려져 있다. 막대한 자산을 유지하면서 더 큰 부를 쌓기란 그만큼 어렵다. 돈을 유지하고 늘리기 위해서는 모든 유혹을 이겨내는 강인함과 매순간 자신을 관리하는 각오와 의지가 필요하다. 그 각오와 의지가 작은 부자와 큰 부자를 결정한다. 그래서 부자가 되고 부자의 자리를 지킨다는 것은 기나긴 수행의 과정이라 해도 과언이 아니다.

46

떳떳한 돈이 아니면
취하지 않는다

왠지 부자들에게는 어딘가 뒤가 구린 구석이 있을 거라고 생각하는 사람이 많다. 더군다나 보통 사람들이 상상도 하지 못할 만큼 거액을 번다고 하면 수상쩍게 느껴지기도 한다. 실제로 부자들은 세상 사람들의 오해를 사는 일이 많은데, 심하게는 '극악무도한 돈의 망자'라는 말까지도 듣는다. 부자들을 향해 '남을 속이거나 약자를 착취해 돈을 벌었을 거야', '불법적인 장사로 돈을 번 게 아닐까?'라고 생각하는 것이다.

하지만 내가 알고 있는 부자들 중에 악랄하게 장사를 하거나 약자를 착취해 돈을 축적한 사람은 단 한 명도 없다. 오히려 이들은 남보다 훨씬 더 순수하고 공정하다. 그 중 한 명이 내게 이런 이야기를 들려주었다.

"남을 짓누르거나 불법을 저질러 한몫 단단히 챙겼다고 해도 그런 돈은 오래 가지 못하네. 고만고만한 돈은 벌 수 있겠지만 더 높은 곳에까지 오르지는 못해. 자신이 무슨 일을 해서 여기까지 왔는지를 누구에게나 당당하게 말할 수 있는 사람만이 계속 자산을 늘릴 수 있는 법이야."

회사의 경영자가 부당한 일을 일삼고 폭리를 취한다면 직원들의 사기는 떨어지게 마련이다. 물론 손님과 거래처도 발길을 끊을 것이다. 더군다나 사회적인 신뢰마저 잃어버리면 사업이 성장하기는커녕 유지하기도 어려워진다.

우리 고객 중에는 의약품 특허를 취득해 거대한 부를 쌓은 미국인 부자가 있다. 원래 그는 제약업체에서 일하는 연구원이었는데, 자신이 개발한 획기적인 약의 권리를 손에 쥔 덕분에 엄청난 부를 쌓을 수 있었다. 그런데 그 약을 먹고 전 세계의 많은 사람이 생명을 구한 반면, 몇몇은 약의 부작용으로 목숨을 잃은 안타까운 사고가 발생했다. 살고자하는 희망을 버리지 않았지만 끝내 목숨을 잃은 사람들, 그리고 유족들은 얼마나 원통할까. 그는 이러한 사실을 떠올릴 때마다 가슴이 아파 잠을 이룰 수 없다고 말했다. 물론 어떤 약이든 부작용은 존재하고, 애당초 모든 사람에게 100퍼센트 잘 듣는 약이란 있을 수 없다. 그가 개발한 약에도 문제가 있던 건 아니므로 약의 개발자인 그에게는 아무런 책임이 없었다. 그럼에도 그는 자신의 책임을 깊게 통감했다.

"단 몇 명이라도 내가 개발한 약을 먹고 목숨을 잃었다고 생각하니 도저히 견딜 수가 없네. 내가 살아 있는 한 이약의 부작용을 개선하기 위해 최선을 다할 거야."

본인은 이미 나이가 들어 현장에서 물러났지만, 지금도 매년 막대한 자금을 제약 연구 개발비로 기부한다. 그는 본인의 탓이 아닌 일까지 스스로 책임을 느끼고 개선하기 위해 노력하고 있었다.

사실 사업이란 게 항상 깨끗하지는 않다. 불법적인 행위는 차치하고라도 평소 일을 하면서 한 점 부끄럼 없이 자신의 사명을 다했다고 단언할 수 있는 사람이 몇이나 될까? 한 부자는 내게 이런 말을 들려주었다.

"설령 독단적이고 막무가내라는 생각이 들어도 '나는 세상 사람들을 위해 이 일을 한다'는 믿음이 중요하네. 그렇게 믿으면 자연스럽게 더 열심히 일해야겠다는 의욕이 생겨나지."

자신의 일에 대해 책임과 믿음을 가지면 사업을 크게 키우고 자산도 더 많이 쌓을 수 있다. 떳떳하지 못한 돈을 벌면 이내 열정도 사라지는 법이다. 부자들은 항상 정정당당했기 때문에 힘껏 가속 페달을 밟아 질주할 수 있었다고 말한다. 그렇게 거머쥔 승리는 인생 최고의 기쁨이고, 다음 승리를 위한 동기 부여가 된다. 부자들은 자신을 위해서가 아니라 남을 위해 온힘을 다할 때 그것이 마지막에는 분명 자신에게 돌아온다는 사실을 잘 알고 있다.

47

지갑에 얼마가 있는지
항상 파악한다

"자네는 지금 지갑에 얼마를 가지고 있나?"

한 고객에게 갑자기 이런 질문을 받은 적이 있다. 그런데 나는 곧바로 대답을 하지 못했다. 당신도 지금 스스로에게 물어보길 바란다. 당신의 지갑에는 얼마가 들어 있는가? 거의 대부분 나처럼 지갑을 들여다봐야 얼마가 있는지를 알 것이다. 만약 액수를 맞춘 사람이라면 최근 은행에 다녀왔을 가능성이 크다.

부자들은 놀랍게도 항상 지갑에 얼마의 돈이 들어 있는지를 정확하게 안다. 평소에는 300~500만 원 정도를 현금으로 가지고 다니는데, 지폐는 물론 동전으로 얼마가 있는지도 정확하게 파악하고 있다.

물론 지갑 속만 아는 것은 아니다. 보통 예금이나 정기 예금의 잔고부터, 투자하는 주식이나 채권, 투자 신탁의 가격은 물론이고 소유한 부동산의 시가까지 시시각각 확인을 해 하루 단위로 결산을 한다. 투자처의 수와 종류가 많아 보고서를 쓰는 데에도 많은 시간이 걸린다. 매일 그렇게까지 상세하게 조사를 해야 하나 싶지만, 부자들의 이런 행동에는 그 나름의 설득력이 있다.

"전체적인 상을 올바르게 이해하지 못하면 마음먹고 결단을 내리기 어려워. 투자할 기회나 철수를 해야 할 때, 즉 중요한 결단은 순간에 내려야 해. 그때부터 부랴부랴 조사를 시작하면 늦어."

실제로 부자들의 투자 보고서를 살펴보면 차입금과 같은 부채가 얼마나 갚아지고 있는지, 어떤 투자 상품이 오르고 내렸는지가 꼼꼼히 분석되어 있다. 이것만 봐도 하루하루 총자산의 추이가 한눈에 들어온다. 그렇게 날마다 자산의 추이를 그리다 보면 어디에 기회가 숨어 있는지, 다음 투자처는 무엇인지가 자연스럽게 보인다. 부자들은 그렇게 자신의 부를 관리하고 있었다.

예전에 한 부자에게 이런 이야기를 들은 적이 있다. 지방에서 회사를 경영하는 사람이 아들에게 회사를 물려줄 때가 되어 "지금 네 지갑에 얼마가 들었는지를 아느냐?"라고 물었다고 한다. 아들은 아버지의 물음에 곧장 대답하지 못했는데, "자기 지갑에 얼마가 들었는지도 모르는 녀석이 회사를 어떻게 경영하겠다는 거냐!"라고 큰소리로 꾸중을 들었다고 한다.

지갑은 '가장 가까이에 있는 자산'이다. 내가 소지한 돈을 분명하게 파악하는 일은 자산 관리의 기본 중에 기본이다. 적은 돈일지라도 놓치지 않고 제대로 관리해야 큰돈도 잘 관리할 수 있는 법이다.

나 역시 부자에게서 "자네도 가계부를 쓰는 게 어떻겠나?"라는 조언을 들었다. 우선 현재 내 돈의 상태와 흐름을 올바르게 이해하는 일이 자산 관리의 첫걸음이다. 최근에는 컴퓨터나 스마트폰으로도 손쉽게 가계부를 쓸 수 있다. 영수증을 촬영하면 자동으로 소비 금액을 계산해줄 뿐만 아니라, 금융 기관과 연계하여 은행 계좌의 잔고와 신용카드 이용 명세서까지도 반영해준다. 또 각종 포인트의 잔고까지도 확인이 가능하다.

가계부는 많은 시간을 들이지 않아도 현재 내 돈의 흐름을 한눈에 볼 수 있다는 점에서 아주 훌륭한 자산 관리법이다. 하루하루 써내려가다 보면, 돈에 대한 의식이 변할 것이다. 예를 들어 몇 개의 은행 계좌에 넣어둔 돈을 하나로 모으면 어느 정도 목돈이 된다는 사실도 알 수 있다. 그 돈을 정기 예금에 모아 넣거나 투자 금액으로 돌리는 등 적극적으로 자산을 불리는 방법에 대해 고민할 수도 있다.

프로 운동선수는 항상 자신의 몸 상태에 신경을 쓴다. 우리도 부자처럼 돈의 프로가 되기 위해서는 날마다 자산 상태에 신경을 써야 하지 않을까?

48

사는 곳이
부자를 만든다

내가 모시는 부자들은 이른바 '고급 주택가'에 많이 살고 있다. '돈이 많으니 당연한 소리 아닌가?', '체면을 차리기 위해서겠지'라고 생각하기 쉽지만, 이는 절반만 알고 하는 소리다. 부자들은 마음만 먹으면 언제든지 휴양지에 호화로운 저택을 짓고 여유롭게 인생을 즐길 수 있다. 하지만 그래도 굳이 고급 주택가를 선호하는 데에는 깊은 이유가 숨어 있다.

우리 고객 중 한 명은 일본에서도 상위 0.1퍼센트 부자만 산다는 고급 주택가에 대저택을 지어 살고 있다. 듣자하니 이전에는 같은 지역에 있는 아파트에 살았다고 한다. 재산을 크게 일구긴 했지만 이 지역에 단독 주택을 가질 만큼의 여유는 없었는데, 다소 무리를 해서 주택으로 옮겨왔다고 했다.

"사는 사람들의 급 자체가 다르더군. 정말로 잘 사는 이웃이 주변에 많이 있어서 그들과 어울리면 평소에 어떤 이야기를 하고 어떤 행동을 하는지 상세하게 배울 수 있네. 나도 그 영향을 받는 셈이지. 지역 사회의 일원이 되었으니 더 노력해야겠다는 생각도 들고 날마다 자극을 받기도 해. 내 삶의 무대가 한 단계 올라간 기분이랄까."

부자가 아닌 우리 주변에도 이런 경우는 심심치 않게 있다. 바로 '학교'다. 명문 사립 고등학교도 아닌데 매년 일류 대학 합격생을 여러 명 배출하는 신기한 공립 고등학교가 종종 있다. 특별한 교과 과정으로 수업을 하는 것도 아니고, 교사들이 정기적으로 이동하기 때문에 우수한 교사진을 갖추고 있다고 말하기도 어렵다. 그렇다면 이 학교들의 비밀은 무엇일까? 그들은 대개 지역의 명문으로 오랜 역사를 자랑하고, 교풍으로 '자주성'을 내세우는 경우가 많다. 자연스럽게 자립심 있고 학구열 높은 학생들이 모여들게 마련이다. 그리고 주변 친구들의 영향으로 다른 아이들도 열심히 공부를 하게 된다.

회사의 경우는 한층 더 명확하다. 사회를 들썩이게 하는 혁신을 일으킨 인재들이 특정 기업에서 많이 배출된다는 점도 눈여겨볼 만하다. 항상 혁신을 추구하고 활달한 분위기 속에서 일하는 사람들은 자연히 성장 의욕도 높게 마련이다. 이들 옆에 있다 보면 혼자만 느긋하게 여유를 부리기가 어렵다. 시킨 일을 그대로 하기보다는 자기 나름대로 창의성을 발휘하거나, 기술을 연마하기 위해 저절로 노력하게 되지 않을까?

집은 사람이 생활을 영위하는 데에 가장 기본적인 공간이다. 나 역시 직업상 고급 주택가를 방문하는 일이 많은데, 그 거리의 분위기를 계속 접하면 행동부터 식사 방법, 물건을 고르는 법까지 전부 부자와 닮아가는 느낌을 받는다. 지나다니기만 하는 나도 영향을 받는데 지역 사회의 일원으로 매일 같은 공기를 마시는 사람들은 필시 변화하지 않을까? 즉, "이 거리에 살고부터는 삶의 무대가 올라갔다."는 말이 결코 과장이나 허언이 아닌 셈이다.

  자신이 몸담고 있는 환경에 따라 자신의 품격 또한 달라진다. 매일 부자의 기운과 영향을 한껏 받으면 우리의 인생도 크게 달라질 것이다. 큰 부를 손에 넣고 싶다면 당연히 수준 높은 환경으로 뛰어들어야 한다. 집이나 회사처럼 오래 머물러야 하는 공간이라면 더더욱 그렇다. 부자들은 환경의 중요성을 누구보다도 절실히 알기 때문에 자신의 지위나 수준을 높이는 수단으로써 집이나 회사의 위치를 결정한다.

  물론 그렇다고 해서 우리가 갑자기 고급 주택가로 이사를 할 수는 없는 노릇이다. 단지 부자들의 이런 사고방식을 알기만 해도 환경을 결정하는 데에 중요한 지침이 되지 않을까? 이직이나 이사할 곳을 고를 때 단지 연봉이나 햇빛이 잘 드는지와 같은 조건만 따지지 말고, 주변 사람이나 지역 사회의 분위기에도 관심을 가지는 식으로 말이다.

49

큰돈보다
잔돈을 소중히 여긴다

부자들이 보석 같은 선물을 남에게 선뜻 주거나, 매우 비싼 가격의 자동차나 미술품을 사 모은다는 이야기를 들으면 '역시 부자는 통이 남다르군'이라는 생각이 든다. 또 불경기가 계속되어 자산이 줄어드는데도 대수롭지 않게 생각하며 시원스러운 얼굴로 사치를 부리는 모습을 보면 '지금 내가 쓰는 돈과 부자의 돈이 같은 나라의 화폐인가'라는 의심마저 들 지경이다. 그래서일까 큰돈을 일상적으로 움직이는 부자들은 작은 돈에 관심을 가지지 않을 거라 생각하는 사람이 많다. 100억 원을 가진 사람에게는 사실 10만 원이 하찮을 수도 있기 때문이다.

그런데 실제로 부자들은 잔돈을 매우 소중히 여긴다. 10만 원뿐만 아니라 1000원 단위의 돈에까지 심하리만큼 얽매이고 집착한다.

얼마 전 기업을 경영하는 우리 고객 중 한 명이 은행 담당자와 진지한 협상을 벌였다. 대화가 너무 진지해 보여서 새로운 설비 투자나 회사의 합병과 같은 꽤나 큰 안건이 오고가는 줄 알았다. 나중에 무슨 대화를 나누었냐고 물어봤더니, 실은 이체 수수료를 협상했다고 대답했다. 뜨거운 열기가 가득했던 그 논의는 1000원, 2000원을 둘러싼 공방이었다. 하지만 그는 무엇보다도 중요한 협상이었다고 말했다.

"직원들에게 급여를 주고 거래처에 대금을 보낼 때에도 수수료는 발생하게 마련일세. 고작 1000원, 2000원일지라도 매달 들어가면 부담이 된다는 말이야. 그 부담이 계속 이어진다면 결국 얼마가 될지 생각해봤나?"

한 건당 금액은 적더라도 매달 수십, 수백 건의 비용이 오랜 시간 쌓이면 총액은 눈덩이처럼 불어난다. 그 부담을 낮추는 일이 어쩌면 수천만 원의 융자를 받는 것보다 더 큰 돈을 가져다줄 수 있다. 즉, 부자들은 잔돈의 중요성을 매우 잘 알고 있다.

특히 부자들은 계속 지불해야 하는 돈에 아주 민감하게 반응한다. 예를 들어 매달 전기세가 나가는 에어컨이나 전구도 값을 더 주고서라도 에너지 효율이 높은 것으로 구입한다. 일시적인 지출은 늘지만, 매달 전기세를 삭감하는 편이 멀리 볼 때 더 이득이라는 생각 때문이다.

우리도 평소의 생활을 한번 돌아보자. 거의 사용하지 않는 유료 애플리케이션, 그저 늘 사던 습관 때문에 매주 구입하는 잡지 등 나도 모르게 새어나가는 돈이 분명 있을 것이다. 적은 돈이라도 계속 쌓이면 부자가 된다는 사실을 잊지 말고, 우리도 그들처럼 잔돈에 집착해보는 건 어떨까?

50

행동하지 않으면
부를 얻을 수 없다

"원하는 연 수입을 종이에 적어보세요."

이런 말을 들으면 얼마를 적겠는가? 1억 원일까, 아니면 10억 원일까?

먼저 이와 같은 질문을 던진 이유는 내가 부자로부터 비슷한 질문을 받았기 때문이다. 그는 나에게 "자네가 원하는 금액을 종이에 적어보게. 만약 돈을 준다면 얼마를 받겠는가?"라고 물었다.

그때 나는 '100억 원'이라고 적었다. 부자가 질문을 했으니 1000만 원이나 2000만 원이라는 적은 숫자를 적는 것도 왠지 민망하다는 생각이 들었다. 그는 내가 적은 금액을 보면서 "그러면 자네는 100억 원을 얻기 위해 지금 무엇을 하고 있나?"라고 다시 물었다.

나를 포함해 평범하게 직장 생활을 하는 사람들에게는 100억 원이라는 돈이 굉장히 크게 느껴진다. 평생 일해도 얻을 수 있는 돈이 아닐 지도 모른다. 설령 지금 일하고 있는 직장에서 최고의 자리에 오른다고 해도 벌 수 없을 가능성이 더 크다. 나는 잠시 생각한 뒤 대답했다.

"지금 고객님께서 주시는 보수만으로 100억 원이라는 돈을 모으기는 어렵겠지만, 그래도 경영하고 있는 집사 회사를 키워 상장시키면 가능하지 않겠습니까?"

그러자 부자는 "그러면 자네에게는 100억 원을 벌 만한 여지가 있는 걸세."라고 말했다.

같은 돈을 얻고 싶다고 마음먹어도 실제로 그 돈을 벌기 위해 노력을 하는 사람과 그냥 돈이 있으면 좋겠다고 생각만 하는 사람은 큰 차이가 있다. 그리고 이 차이가 부를 끌어당기느냐 아니냐를 결정한다.

물론 구체적인 행동을 불러일으키려면 진심으로 '큰돈을 얻고 싶다'는 신념이 필요하다. 누구나 원하는 연 수입을 적어보라고 하면 그 자리에서 10억 원이라고 쓸 수 있다. 또 10억 원을 갖고 싶다는 마음 자체는 진심일 것이다. 하지만 우리는 그에 대한 아무런 노력은 하지 않은 채 '그저 지금 당장 월급 300만 원만 받아도 좋겠어'라고 타협해 버린다. 부자는 내게 이런 말을 더 들려주었다.

"진심으로 10억 원을 얻고 싶다면 자연스럽게 일을 대하는 자세가 달라질 걸세. 지금 연 수입이 5000만 원이라면, 5000만 원과 10억 원의 차이에 대해 시선을 돌리게 되지. 그리고 어떻게 하면 10억 원을 벌 수 있을까 진지하게 생각하기 시작하고, 어제와 똑같이 일을 해서는 안 된다는 결론에 도달할 걸세. 다음에 그 사람은 10억 원을 벌기 위해 구체적인 행동을 할 거야. 회사에 새로운 사업을 제안하거나 회사를 그만두고 창업을 할 수도 있지."

월급이 300만 원이면 충분하다고 생각하며 일하는 사람은 평생 300만 원밖에 벌지 못한다. 하지만 진심으로 10억 원을 위해 노력하는 사람은 이를 위해 '행동'하기 때문에 반드시 부자가 된다. 사람이 얻을 수 있는 돈은 '원하는 금액'에 묶인다. 이게 바로 부자가 나에게 해주고 싶었던 말의 요지이다.

부자는 자신처럼 부자의 무대로 발을 들인 사람도 많이 알지만, 결국에 부자가 되지 못한 사람들의 특징까지도 잘 알고 있다.

"그 사람은 돈을 원한다고는 했지만 결국 그것을 얻을 만큼 행동하지 않았어."

부자들끼리의 대화에서 이런 말을 들은 적도 있었다. 즉, 목표한 연 수입을 얻고 싶다면 현재 자신의 틀을 뛰어넘는 높은 이상을 내걸고 이를 실현시키기 위해 진지하게 행동하는 수밖에 없다.

51

돈이 갖고 싶다고
솔직하게 말한다

　　사람들은 부자가 되고 싶다고 생각하면서도 이를 솔직하게 입 밖으로 표현하지 못한다. 우리 회사를 찾아오는 많은 사람은 부자의 재력이나 노하우를 믿고 사업 제휴를 제안하는데, 사실은 자신이 돈을 벌고 싶은 마음이지만 "이 사업은 사회에 공헌한다는 의미가 있는데 투자하시겠습니까?", "당신의 사업을 키우는 데에 도움이 됩니다."라는 식으로 속내를 숨기며 접근한다. 또 부자들의 제자가 되고 싶다며 찾아오는 사람도 많다. 이들 역시 부자가 되고 싶어 찾아옴에도 "인생 공부를 하고 싶습니다.", "당신을 본받아 훌륭한 사람이 되고 싶습니다. 옆에서 배울 수 있게 허락해주세요."라며 의도를 돌려 말한다. 물론 부자들은 애초부터 이들의 속내를 정확히 꿰뚫고 있다. 그들은 본심을 숨기고 다가오는 사람들을 적당한 말로 돌려보낸 뒤 불쑥 이렇게 말했다.

"왜 모두 돈을 갖고 싶다고 말하지 않을까? 솔직하게 말하면 나도 어느 정도 재력과 노하우가 있으니 후원을 해줄 수 있는데 말이야."

돈을 갖고 싶다고 말했더라면 부자가 지원을 해주었을 텐데, 그들은 본심을 숨김으로써 소중한 기회를 날리고 말았다.

대개 우리는 돈을 갖고 싶다고 솔직하게 말하는 것이 부끄럽고 나쁜 일이라고 생각한다. 하지만 부자들은 다르다. 아무런 거리낌 없이 자신의 마음을 있는 그대로 말한다. 오히려 "이 사업은 사회에 기여합니다."라는 그럴싸한 말로 다가오는 사람들을 '내 돈을 빌려 부자가 되고 싶은 게로군'이라고 생각하며 혐오하기까지 한다.

부자들의 대화를 들어보면 "돈을 많이 벌고 싶다.", "돈이 더 필요하다."는 말이 자연스럽게 나온다. 예를 들어 "자산을 배로 늘리고 싶네. 그래야 새로운 사업을 시작할 수 있으니까." 하는 식의 말을 수시로 입에 올린다. '돈을 원한다'는 말을 전혀 금기시하지 않는다는 뜻이다. 부자들은 대화를 하며 이런 말도 자주 한다.

"지금 사업이 잘 안 풀려서 2000억 원을 만들지 못하면 회사 주식을 팔아야 하게 생겼어. 그러고 싶지는 않은데, 자네가 내 사업에 협조해줄 수 있겠나?"

다소 껄끄러운 말이지만 부자의 표정에는 아무런 부끄러움과 머뭇거림이 없었다. 마치 "점심 식사나 함께 하지."라고 말하는 듯 너무나 태연한 모습이었다. 그 대신 상대가 사업에 협조하겠다고 약속을 하면 그야말로 필사적으로 돌변한다. 사실 부자는 상당한 각오 없이 '돈이 필요하다'는 말을 함부로 하지 않는다. 그리고 진짜로 돈이 필요할 때는 솔직하게 말하는 편이 좋은 결과를 가져오는 데에 도움이 된다는 사실을 잘 안다.

구직자로서 입사 면접을 볼 때 사람들은 대부분 "회사의 이념에 공감합니다.", "사회에 많은 공헌을 하기 때문에 입사하고 싶습니다."라고 이야기한다. 물론 그 회사가 모범 답안을 기대한다면 이런 대답이 유효하다. 하지만 "실은 아버지께서 구조 조정을 당해 저희 집 식구들이 힘들어 하고 있습니다. 고용해주신다면 죽을 각오로 일하겠습니다."라고 속내를 밝히는 편이 상대의 마음을 더 강하게 흔들 수 있다.

돈을 많이 갖고 싶지만 부끄러워하거나 폼을 잡으면 오히려 돈이 도망가버린다. 그래서 부자들의 세계에서는 '돈을 원한다'는 말이 부를 불러들이는 마법의 언어로 통한다.

52

돈이 들어오는
시스템을 만든다

차를 새로 바꾸고 싶거나 자녀의 대학 입학으로 목돈이 필요할 때, 우리는 '월급이 올랐으면 좋겠다'고 생각한다. 하지만 아무리 간절하게 원해도 생각만으로는 눈앞에 돈이 떡 하고 떨어지지 않는다. 왜냐하면 우리는 '회사에서 정한 월급'을 받으며 살아가기 때문이다.

물론 직장인이라도 자신의 월급을 직접 정할 수는 있다. 외국계 금융 기관이나 컨설팅 회사에 헤드헌팅되어 연봉 협상을 하는 경우가 그렇다. 물론 요구한 금액 미만일 때 제의를 거절할 만큼 능력을 갖춘 사람인 때에만 가능한 일이다. 애초에 일반적인 직장인에게는 매우 드문 일이고,

우리는 자신의 월급을 스스로 결정하지 못한다.

"부자가 되기 위해서는 시스템을 만드는 사람이 되어야 하네."

가진 돈의 한계로 고민하고 있던 나에게 부자가 들려준 이야기이다. 직장인의 월급은 회사가 만든 시스템이다. 이에 반해 자신이 회사를 경영하는 입장이면 이익에 따라 연봉을 결정할 수 있다. 이번 년도에 이익이 배로 올랐다면 급여도 더 올릴 수 있다는 말이다. 하지만 직장인은 다르다. 자신이 공을 들여 회사에 이익을 가져다주어도 월급을 그만큼 올리기란 쉽지가 않다.

물론 경우에 따라서는 경영자도 자신이 자유롭게 급여를 결정하지 못한다. 예를 들어 대기업의 하청을 받는 중소기업의 오너가 그렇다. 부품을 납품하는 모회사에서 "지금보다 10퍼센트 싸게 공급해주세요."라고 하면, 하청 업체는 울며 겨자 먹기로 조건을 받아들일 수밖에 없다. 애초에 산업 구조상 작은 기업은 연구 및 개발 분야에 대한 투자가 적을 수밖에 없고, 계속 대기업의 가격 요구에 맞춰주어야 하는 상황이 반복된다. 이 또한 모회사가 만들어낸 '시스템'이다. 또 프랜차이즈 가맹점의 오너도 자신의 급여를 직접 결정하지 못한다. 이전에 가맹점 몇 개를 소유한 사장에게서 이런 이야기를 들은 적이 있다.

"프랜차이즈 가맹점을 차리면 본사에 내는 이름값과 노하우 비용, 상품 판매 가격의 몇 퍼센트와 매입가 등 빠져나가는 돈이 상당하지. 사장의 몫은 판매액에서 매입 금액을 뺀 이익의 몇 퍼센트에 불과해. 처음부터 정해져 있는 거야. 프랜차이즈 본사가 만든 구조가 그러네. 그래서 지금은 아예 내가 프랜차이즈 브랜드를 만들었어."

부자가 되고 싶으면 자신의 급여를 직접 결정할 수 있는 입장이 되어야 한다. 즉, 스스로 상품을 개발하고 원가와 판매가, 이익까지를 모두 자기 힘으로 결정할 수 있는 사람이 되어야 한다.

부자들은 돈이 들어오는 시스템을 만드는 데에 정말 귀신같은 재주가 있다. 자신에게 피치 못할 사정이 생겼을 때 남은 사람들이 곤란해지지 않도록 부동산을 미리 구입하고 거기에서 나오는 수입을 따로 떼어놓는 시스템을 만들기도 한다. 부자들은 시스템을 만드는 일이 얼마나 중요한지를 아는 동시에, 그 혹독함도 이해한다. 계획한 매출이나 이익에 도달하지 못하면 자신의 몫이 없을 수도 있고, 비즈니스 파트너가 사업에 실패하면 자신의 손해를 각오하고라도 자금을 원조해야 한다. 하지만 그럼에도 큰 부자가 되고 싶다면, 자신이 직접 '시스템'을 만들어야 한다는 사실을 거듭 강조한다.

53

돈보다 소중한 가치를
절대 잊지 않는다

부자들은 돈 관리에 능해 자산을 지키는 기술이 무척 뛰어나다. 또 돈이 돈을 낳는 구조를 만들어야 더 큰 부자가 될 수 있다는 사실을 잘 알고, 이를 확실하게 실천하기 위해 노력한다. 그렇기 때문에 평범한 사람들의 눈에는 부자가 마치 '돈만 바라보고 사는 냉혈한'처럼 보이기도 한다. 더 심하게는 "저들에게는 돈이 이 세상에서 제일 중요하겠지."라며 비아냥거리는 사람까지 있다.

하지만 부자들은 분명 인생에서 돈보다 더 소중한 가치가 존재한다고 힘주어 말한다. 보통 사람들과 마찬가지로 부자들 역시 아내와 자녀, 즉 가족을 가장 중요하게 생

4장
집사가 남몰래 기록한 부자의 금전 철학

각한다. 가족을 위해 돈을 버는 부자들은 자식과 손자가 돈 걱정 없이 살게 하는 일이 자신의 가장 큰 꿈이자 목표라고 입을 모은다. 자산을 축내고 싶지 않은 이유도 자신의 욕심이 아니라 가족을 소중히 여기기 때문이다.

회사를 경영하는 오너 대부분은 '직원들의 고용 유지'를 돈보다 더 중요한 가치로 꼽았다. 회사에 적자가 나도 직원들을 절대 해고하지 않겠다고 공언한 사람도 있다. 물론 흑자가 많이 나던 시기에 잉여 자본을 차곡차곡 축적하여 만일의 사태를 대비해두었기 때문에 가능한 일이다.

우리 고객 중에는 기계 수리를 전문으로 하는 회사의 경영자가 있다. 그의 사업도 계속 적자가 이어져 구조 조정을 해야만 하는 상황에까지 내몰렸는데, 머지않아 경기가 다시 좋아질 거라는 믿음 하나로 직원들의 고용에 절대 손을 대지 않았다. '회사에 모아둔 돈을 융통하면 어떻게든 되겠지'라는 생각으로 버티며 직원들을 꿋꿋이 지켜낸 것이다.

나는 그에게 왜 그렇게까지 직원들의 고용을 지켜내려고 하는지 물었다. 그러자 그는 선대(先代)가 회사를 창업하며 지켜온 설립 의의에 대해 이야기해주었다.

"우리 회사는 전쟁 후에 귀환한 사람들을 먹여 살릴 목적으로 세워졌네. 직업이 없는 사람들을 데려다 일하게 해서 먹고살게 만든 회사야. 그러니 내가 지금 당장 어렵다고 구조 조정을 한다면 회사가 지켜온 설립 의의를 저버리는 것 아니겠는가."

그의 회사는 이제 곧 창립 70주년을 맞는다. 처음 회사를 세웠을 당시, 직원들에게는 기계에 대한 전문 지식이나 기술이 전혀 없었다. 하지만 그들은 회사와 함께 성장했다. 그리고 회사가 크는 만큼 점점 직원도 늘어났다. 새로 채용하는 신입 사원은 대부분 그곳에서 일하는 직원들의 자식이나 친척으로 구성되어 있어 가족 같은 분위기도 유지하고 있다. 큰 회사의 사장들은 신문이나 잡지 인터뷰에서 "우리 직원은 모두 가족입니다."라는 말을 자주 하는데, 그에게 직원들은 진정한 의미의 '가족'이었다.

회사에 잉여 자금이 있어서 고용 제일을 추구할 수 있는 게 아닌가 하고 생각할 수 있지만, 그는 진심으로 "내가 가진 전 재산을 잃더라도 고용만은 지킬 걸세."라고 이야기 했다. 그런 기개가 있어서 회사 경영에 온힘을 쏟아부을 수 있는 것 아닐까.

부자들에게 돈은 '목적'이 아니라 무언가를 달성하기 위해 반드시 필요한 '수단'이다. 즉, 부자들은 돈을 벌기에 앞서 돈보다 더 소중한 가치를 찾고, 이를 목표로 삼아 더욱 열심히 일한다.

돈은 행복한 삶을 위한
수단일 뿐이다

이 책을 통해 소개한 부자들의 53가지 돈의 철학은 실제 내가 집사로 일하며 남몰래 기록한 그들의 비밀스러운 가르침이다. 지극히 평범한 신분으로 시작해, 사업이나 투자에서 성공을 거듭하며 큰 부를 일군 사람들은 예외 없이 자기 나름의 '철학'이 있었다. 그리고 소중한 자산을 지키고 더 늘리기 위해 자신만의 철학을 날마다 습관처럼 실천했다. 이는 편하게 돈을 움직여 이익을 내는 안이한 자세가 아니라, '금욕주의자'라고 불릴 만큼 엄격하고도 치열한 마음가짐이었다. 만약 평범한 우리도 부자들처럼 돈의 철학을 깊이 연구하고 삶 속에서 실천할 수 있다면, 특별한 환경이나 재주가 없어도 커다란 부를 쌓을 수 있지 않을까?

이 책을 통해 누차 강조했듯이, 부자들은 자산을 늘리는 데에 집착하지 않는다. 그들은 풍족한 삶의 이면에 숨어 있는 무의미함과 공허함을 일찍이 깨달았다.

돈에 마음을 빼앗기면 돈에 휘둘리는 삶을 살게 된다. 인간관계에서도 돈이나 손익을 따지면 결코 사람이 내 주변으로 모이지 않는다. 기본적으로 부자들은 관계의 힘이 곧 '돈을 부르는 힘'이라는 사실을 잘 알고 있다.

부자들이 말하는 돈의 철학에는 돈을 통해 사람과 만나고, 그 만남을 통해 더 좋은 세상을 만들고 싶다는 순수한 의도가 깔려 있다. 물론 이는 특수한 사상도 아니고 종교적인 신념도 아니다. 경제 활동을 통해 새로운 가치를 창출한 사람은 그에 합당한 이득을 얻고, 그 이득을 다시 경제 활동에 투자해 더 좋은 세상을 만든다는 지극히 당연한 자본주의적 논리이다.

돈이 전부라고 여겨지는 세상 속에서, 우리는 자칫 잘못하면 돈이 지닌 무서운 함정에 빠질 수 있다. 매일 뉴스에서 들려오는 사건들처럼 오직 '돈'만을 목적으로 살면 반대로 커다란 경제적 손실을 불러오기 십상이다. 또 돈으로 인간관계를 맺으면 배신이나 질투라는 감정으로 인해 소중한 사람을 잃고, 극단적으로는 목숨까지도 잃을 수 있다.

부자들은 돈에 숨겨진 함정을 잘 알기 때문에 '돈을 대하는 자세', 즉 '돈의 철학'을 매우 중요하게 생각한다. 돈이 '더 좋은 세상을 만들기 위한 수단'이라 생각하면, 돈을 잘 버는 방법은 물론 잘 쓰는 방법까지도 깨우칠 수 있다.

물론 풍족한 삶을 살기 위한 첫걸음으로써 돈을 불리는 일에 힘을 쏟아도 좋다. 일반 사람들에게는 분명 계속 일을 해나갈 수 있는 동기 부여가 될 테니 말이다. 하지만 한 번이라도 이 책에서 소개한 돈의 철학을 마음에 깊이 새기고, 부자들과 동일한 시각으로 돈을 바라본다면 책을 쓴 저자로서 무척 기쁘겠다. 책을 다 읽고 난 후에는 돈에 대한 자기 나름의 철학을 연구해봐도 좋을 것이다.

마지막으로 때로는 엄하게 혹은 자상하게 돈의 철학과 본질에 대해 가르쳐준 우리 회사의 고객들에게 깊은 감사의 말을 전한다.

옮긴이 김윤수

동덕여자대학교 일어일문학과, 이화여자대학교 통역번역대학원을 졸업하였다. 옮긴 책으로는 『부자의 그릇』, 『심플을 생각한다』, 『가면사축』, 『왜 나는 영업부터 배웠는가』, 『왜 나는 기회에 집중하는가』, 『영업의 가시화』, 『경영의 가시화』, 『3의 마법』, 『너를 위한 해피엔딩』, 『한밤중의 베이커리』 등이 있다.

집사가 남몰래 기록한 부자들의 작은 습관 53

부자의 집사

초판 1쇄 인쇄 2016년 4월 29일
초판 7쇄 발행 2021년 1월 13일

지은이 아라이 나오유키
옮긴이 김윤수
펴낸이 김선식

경영총괄 김은영
기획·편집 임보윤 **책임마케터** 최혜령
콘텐츠개발5팀장 박현미 **콘텐츠개발5팀** 차혜린, 김민정, 마가림, 이영진
마케팅본부장 이주화 **채널마케팅팀** 최혜령, 권장규, 이고은, 박태준, 박지수, 기명리
미디어홍보본부장 정명찬 **홍보팀** 안지혜, 박재연, 이소영, 김은지
뉴미디어팀 김선욱, 염아라, 허지호, 김혜원, 이수인, 배한진, 임유나, 석찬미
저작권팀 한승빈, 김재원
경영관리본부 허대우, 하미선, 박상민, 권송이, 김민아, 윤이경, 이소희, 이우철, 김재경, 최완규, 이지우

펴낸곳 다산북스 **출판등록** 2005년 12월 23일 제313-2005-00277호
주소 경기도 파주시 회동길 37-14 2, 3, 4층
전화 02-702-1724(기획편집) 02-6217-1726(마케팅) 02-704-1724(경영지원)
팩스 02-703-2219 **이메일** dasanbooks@dasanbooks.com
홈페이지 www.dasanbooks.com **블로그** blog.naver.com/dasan_books
종이·출력·제본 갑우문화사

© 2016, 아라이 나오유키

ISBN 979-11-306-0821-1 (03320)